电子商务专业群现代学徒制系列教材

王云诗 韩 芳 石丽娟 主编

包一芳 方 静 刘婷婷 副主编

社群营销与运营

清华大学出版社

北京

内 容 简 介

本书旨在为读者提供一套全面、系统且实用的社群营销与运营知识体系。全书从了解社群营销、构建初级社群、管理社群用户、 打造活跃社群、推广社群、管理社群团队、实现商业增值、分析社群数据等多方面入手，详细介绍了社群营销的基本概念、核心要素、操作流程和实战技巧，使读者能够更加直观地理解和掌握社群营销与运营的精髓。

本书配有丰富的慕课视频、课件、教案、题库、社群运营工具库、全媒体平台模拟软件试用等资源，可帮助使用者快速提升实战能力。同时，本书引入AIGC (人工智能生成内容)工具辅助，鼓励读者在实践中不断探索和创新，以适应不断变化的市场环境。

本书注重中职、高职、本科层次贯通，适合作为中高职电商相关专业"社群营销与运营""新媒体运营"等课程的教材，同时可供企业高管以及零售从业者使用，还可作为产业培训教材、自学用书和参考用书。

图书在版编目(CIP)数据

社群营销与运营 / 王云诗, 韩芳, 石丽娟主编.
北京 : 清华大学出版社, 2025. 7. -- (电子商务专业群
现代学徒制系列教材). -- ISBN 978-7-302-69713-8

Ⅰ. F713.365.2
中国国家版本馆CIP数据核字第20255MG416号

责任编辑：施 猛 张 敏
封面设计：常雪影
版式设计：方加青
责任校对：马遥遥
责任印制：沈 露

出版发行：清华大学出版社
   网   址：https://www.tup.com.cn，https://www.wqxuetang.com
   地   址：北京清华大学学研大厦A座   邮   编：100084
   社 总 机：010-83470000   邮   购：010-62786544
   投稿与读者服务：010-62776969，c-service@tup.tsinghua.edu.cn
   质 量 反 馈：010-62772015，zhiliang@tup.tsinghua.edu.cn
印 装 者：涿州市殷润文化传播有限公司
经   销：全国新华书店
开   本：185mm×260mm   印   张：11.75   字   数：264千字
版   次：2025年8月第1版   印   次：2025年8月第1次印刷
定   价：49.00元

产品编号：101750-01

前　言

编写背景

随着互联网技术的飞速发展和新媒体形态的不断涌现，传统的营销传播模式正经历深刻变革。在信息爆炸的时代，用户面临信息过载与同质化问题，传统的广告营销效果逐渐式微。而社群营销作为一种新兴的营销策略，正成为众多企业和品牌争夺用户注意力的新战场。

党的二十大强调"加快发展数字经济，促进数字经济和实体经济深度融合"。社群营销作为依托社交平台的数字化营销模式，通过聚集精准用户群体实现供需高效匹配，成为实体经济数字化转型的关键工具。社群营销的核心在于通过建立、运营和管理社群，与消费者进行深度互动和交流，从而了解其需求和偏好，进而推广产品或服务，实现销售目标。社群不仅是信息交流的平台，更是情感连接和价值共享的社区。用户之间、用户与品牌之间形成的信任关系，为品牌的长期发展奠定坚实的基础。

本书旨在系统地介绍社群营销的概念、特点、优势以及实战技巧，帮助读者深入理解其本质，并掌握核心策略。通过学习，读者将能掌握社群定位、价值体系构建、用户管理、活跃度提升、推广以及商业增值等关键环节。

本书特色

1. 理论与实践结合。本书内容丰富、结构清晰，既有理论知识的深入剖析，又有实战案例的详细解读，还有操作模板，引导读者从基础走向提升。此外，项目9特别探讨了如何通过AIGC提升社群运营效率。

2. 配套资料丰富。本书配有丰富的慕课视频、课件、教案、题库、社群运营工具库、全媒体平台模拟软件试用等资源，可帮助使用者快速提升实战能力。

配套资源

扫描下载

3. 注重思维培养。本书不仅传授具体的社群运营技巧和方法，更强调营销思维和创新能力的培养。通过引导读者分析和解决问题，帮助读者构建系统性营销思维框架。

教学建议

本书适合作为中高职院校市场营销、电子商务、网络营销与直播电商、互联网运营等专业的教材，也可作为大学生创新创业教育辅导教材。本书也可以帮助个体创业者、中小企业营销管理者、社群运营从业者拓宽营销思维，掌握操作要领。

编写说明

王云诗(上海科学技术职业学院)负责本书提纲的拟定和统稿，并编写了项目1、项目

2、项目6的内容；韩芳(上海科学技术职业学院)负责总体指导与学术规范把关；石丽娟(上海工艺美术职业学院)负责编写项目3~项目5的内容；包一芳(上海科学技术职业学院)负责编写项目7、项目8；方静(上海韬然教育科技有限公司)和刘婷婷(上海科学技术职业学院)共同完成项目9、项目10。本书在编写过程中参考了大量国内外相关著作和文献资料，在此表示感谢。

本书虽然经过团队的精心打磨，但仍难免存在疏漏。我们诚挚欢迎读者能够提出宝贵的意见和建议，以便后续修订完善。如果您在阅读过程中有任何疑问或反馈，请通过邮箱shim@tup.tsinghua.edu.cn联系我们。

编者

2025年3月

目　录

项目1 了解社群营销

项目目标

知识目标：

1. 了解社群营销的特点和优势。

2. 区分社群与普通网络集群的差异。

3. 识别社群构成的五大要素。

4. 了解社群的分类。

技能目标：

1. 能识别常用的社群平台，独立搜索并加入目标社群。

2. 能辨别优质社群与普通社群的区别。

3. 能找出社群的连接因素与价值点。

素养目标：

1. 了解团队是个人价值的源泉，着力培养团队合作精神与协作能力。

2. 了解社群的社会价值。

3. 培养学习好奇心与团队组织能力。

🔷 思维导图

```
                                        ┌── 社群及社群营销的含义
                           ┌─ 探寻社群的含义 ─┼── 公域流量与私域流量
                           │              ├── 社群高速发展的因素
                           │              └── 社群发展的核心因素
                           │                        ┌── 同好
                           │                        ├── 结构
              了解社群营销 ──┼─ 剖析社群构成的五大要素 ─┼── 输出
                           │                        ├── 运营
                           │                        └── 复制
                           │                  ┌── 社群营销的优势
                           ├─ 识别社群营销的价值 ─┤
                           │                  └── 社群营销的误区
                           │                    ┌── 以内容主题分类的社群
                           └─ 辨别社群的常见类型 ─┤
                                                └── 以其他方式分类的社群
```

● 学到的知识

_____

_____

_____

● 掌握的技能

_____

_____

_____

● 提升的素养

_____

_____

_____

任务1.1　探寻社群的含义

任务引导

王平毕业后入职一家直播公司，负责直播运营工作。鉴于该项目组刚刚成立，直播流量与留存客户群体较少，项目组张组长让王平进行市场调研，看看有哪些覆盖年轻人的营销渠道，拟定几个引流的营销方案，在节约成本的同时，将产品推广至更多的目标人群，并保持长期良好的关系。其中，张组长提出了"社群营销"的模式。王平疑惑什么是"社群"，什么是"社群营销"。

核心知识

1. 社群及社群营销的含义

随着互联网产业的快速发展，新媒体层出不穷，目前的信息传播渠道、传播模式都与传统传播方式存在巨大的差异。传统的营销传播逻辑是尽量利用各种渠道和方式，多维度地将信息传给大众，从而达到说服用户进行商业活动的目的。但现今，互联网已成为主要的信息传播渠道，受众接收到的信息量剧增，且同质化严重，在选择接受信息时，更加随意、主观，对信息的反馈也更具个人特色。所以，现今的营销传播模式趋向于在充分研究受众的前提下，完全围绕受众开展传播。社群正是新的营销传播模式的载体。

揭开社群
神秘面纱

社群，从字面理解，即"社+群"，是一群人通过相互之间的互动和交流，形成一定的共同价值观和文化，从而构成的一个相对稳定的群体。而社群营销是一种营销策略，它通过建立、运营和管理社群，与消费者进行互动和交流，了解他们的需求和偏好，进而推广产品或服务，实现销售目标。

> **小案例**
>
> 刘老师创建了一个学习英语的微信群，他号召想要提升英语成绩的同学进入这个微信群。进入这个群之后，同学们可以获得英语学习资料，可以在群内交流学习方法。刘老师每天回答群里答疑，并要求同学们每天在学习后进行群内打卡。创建这个群的目的就是将大家聚集起来共同学习英语。而这个微信群也成为群友们交流互动的平台。

2. 公域流量与私域流量

一条繁华的商业街，每天过往的客流量就是公域流量；你在这条商业街上开了一家门店，每天进出你门店的客流量就是私域流量。如图1-1所示，公域和私域流量的特征完全不同。

公域流量通常指的是通过公共平台、公开渠道而获得的用户流量。店铺或厂家通过占据各大搜索引擎的关键字排名、关键词霸屏等方式获得流量，淘宝、百度从平台搜索界面获得的用户都属于公域流量。此外，一些自媒体通过申请并运营自身账号，借助所在自媒体平台的推广获得的流量也属于公域流量。例如，用户在淘宝搜索相关产品后，平台会推荐一些店铺及产品；哔哩哔哩平台根据用户喜好以及平台规则会在首页推荐相关视频，这些通过平台引流到店铺、视频中的用户流量都属于公域流量。

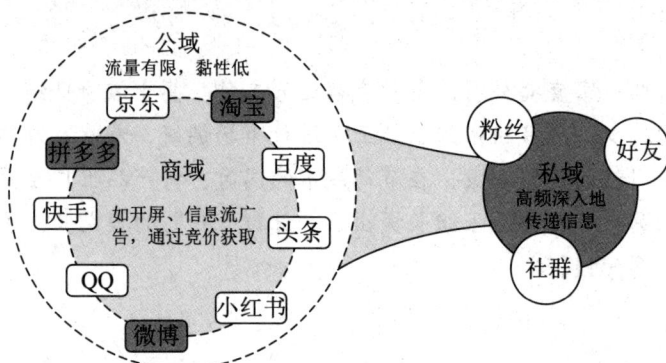

图1-1　公域流量与私域流量的特征比较

私域流量指的是企业或个人通过自己的平台或渠道聚集的用户流量，是知名品牌IP(知识产权)、个人独立拥有、可以反复运用的流量。例如，用户加入某服装店铺会员后，会根据自身对服装的偏好以及店铺的营销引导，反复购买该店铺的产品。

相比公域流量需要付出较大的营销成本且营销效果不稳定，私域流量在获取成本和沟通便捷性上更具优势。商家能够方便地获取私域流量的需求，提供相应服务，从而获得用户喜爱，引导用户再次购买。因此，私域流量成为商家必争之地。

3. 社群高速发展的因素

社群在现今的生活、商业中愈发重要，这既得益于互联网技术的高速发展，也源于社群能为用户与商家提供诸多便利和价值。

(1) 在当前互联网语境下，人们离不开社群。生活中，家庭群、班级群、工作群、项目群已深入我们的日常。延伸开来，人们在休闲时间寻找兴趣团体时，又会出现各类兴趣群，包括游戏类、动漫类、明星类、钓鱼类等兴趣群。而在日常消费场景中，社区团购群、折扣群、会员群等更是层出不穷。社交网络已深度融入人们的生活，构成了社群经济的基础。

(2) 社群营销将潜在用户从公域引入私域，实现了流量的沉淀和积累。社群将公域流量引入私域流量，把用户从公共场合拉进自己的门店，使用户将大部分注意力集中在产品和服务，屏蔽了大量的竞争对手，大幅度降低了交易成本。

(3) 社群并不是单向发布信息，而是运营者和用户共同参与创造独特的内容，从而产生自身的独特性与差异化优势。社群内的信息传播呈现多向性(见图1-2)。

由于社群拥有自身独特的内容和信息，与原本同质化的产品之间构建了壁垒，有助于防止用户流失。此外，社群用户在参与创造独特内容的过程中，也对社群产生了信任与依赖，加深了他们与社群之间的纽带联系。

4. 社群发展的核心因素

尽管社群也是一种群体形式，但它与普通的QQ群、微信群存在显著差异。一个合格的社群需要具备两个核心因素：具有能够将成员聚集起来、为大家带来共同利益的价值因

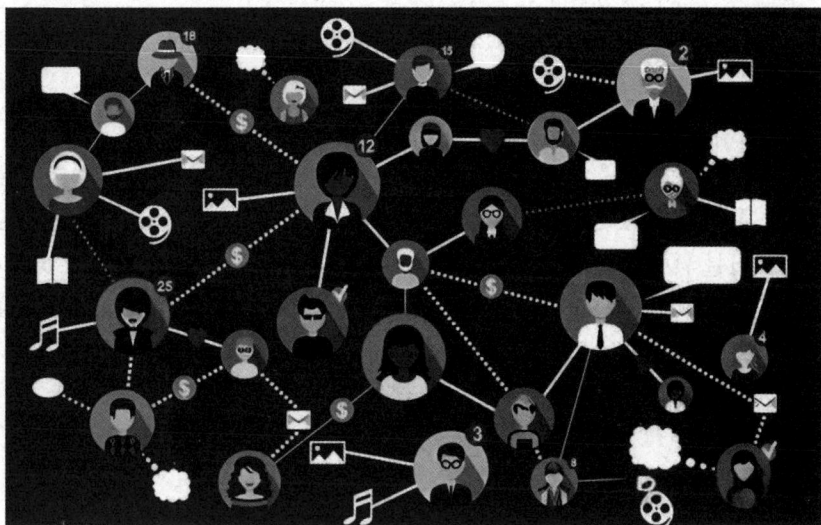

图1-2 社群信息传播图例

素；具有能够促进群内个体交流互动、形成稳定关系的关联场景。价值因素是指那些能够吸引用户留在社群、与群友交流、为社群贡献力量，并愿意消费社群的产品与服务的关键因素。这些因素可以是共同的兴趣爱好、发展目标、价值观或利益等。关联场景则是指为了方便群内成员沟通交流、举办活动而设定的一个相对固定的工具或场所。它可以是QQ群、微信群、App(应用)平台，也可以是线下的学校、咖啡厅等地点。

开阔眼界

新民学会的创立

新民学会是毛泽东、蔡和森、萧子升等人，受《礼记》中"康诰曰：作新民"的启示，于1918年4月14日在长沙组织的进步团体，其宗旨是"改造中国与世界"。新民学会后来成为湖南省反帝反封建斗争的核心组织。

1. 成立

1911年，孙中山领导的辛亥革命推翻了我国几千年封建统治，但中国社会的基本矛盾并未得到解决，国内各派军阀相互斗争，内战频发，全国人民依然生活在水深火热之中。广大爱国知识分子和青年学生对当时中国社会的黑暗深感不满，他们持续探寻着救国救民的道路。在这样的历史背景下，会员于1918年4月14日在湖南长沙刘家台子的蔡和森家中召开新民学会成立会。

2. 活动

新民学会成立后，为了打好基础，毛泽东主张学会会员应有计划地去俄国或法国游学，以研究当时世界最进步的思想学说，了解各国实际情况，进而吸纳其中有益成果，试图为中国变革提供参照。学会会员中的活动人员主要分为两大支：一支在国内，主要集中在湖南地区；一支在国外，主要以法国为中心。学会成立后在国内首先开展的一项重要活动是积极倡导留法勤工俭学运动。学会会员还经常讨论国家大事和世界局势，研究俄国革命经验，以期找到改造中国的正确道路和方法。

3. 会员

新民学会的会员都是湖南籍的知识青年，有70余人。众多会员由于在省城社团中担任重要职务，通过跨组织联动，使得湖南在20世纪20年代前后的一系列活动产生了全国性影响。这些活动包括长沙的五四运动、1919年11月至次年6月成功地驱逐军阀张敬尧、1920年9月至12月湖南首倡的湘省自治运动，以及组织湘籍青年前往法国勤工俭学的行动。

新民学会孕育了一批共产主义者，除毛泽东、蔡和森外，还有萧子升、何叔衡、罗章龙、李维汉、谢觉哉、向警予、杨开慧、蔡畅、夏曦、萧三、郭亮等人。

4. 转折

五四运动后，由于大多数会员接触到了马克思主义和劳工运动，会员的思想发生了重大变化，学会的宗旨也随之修改为"改造中国与世界"。这是新民学会历史发展的重要转折。

此后，新民学会的许多会员加入了中国社会主义青年团和共产主义小组。1921年后，学会逐渐停止了活动。

新民学会是一个由志同道合的志愿者组成的集合，他们因新民精神与马克思主义信仰以及共产主义理想信念而凝聚在一起。图1-3为新民学会部分会员在旧址的合影。

图1-3　新民学会的会员合影

思考：

1. 新民学会是社群吗？它具有什么特点？

2. 新民学会为会员、为社会、为国家带来了什么改变？

任务1.2　剖析社群构成的五大要素

📑 任务引导

王平在初步了解社群及社群营销后，认为社群能有效为直播间快速引流，于是和同事着手建立社群。然而，他们在建群后感到茫然，既不知道给社群起什么名字，也不知道该发布什么内容，更不知道如何进行有效的推广。张组长建议王平向其他成熟的社群学习经验。王平想知道一个合格的社群应具备哪些要素，以及从哪些方面可以评估社群的构建能力和质量。

◎ 核心知识

社群的成立及成功离不开一些要素的支撑。社群构成的五大要素是同好、结构、输出、运营、复制(见图1-4)。只有一个群体的社会关系存在这些要素，我们才能将其认定为社群。在后期运营社群时，运营者需要时常思考如何完善和优化这些要素。

剖析社群
构成要素

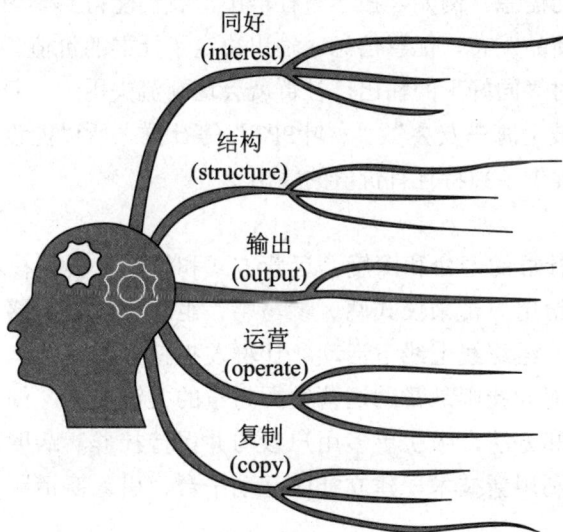

图1-4　社群构成的五大要素

1. 同好

"同好"就是对某种事物的共同认可或行为，即大家共同的兴趣爱好、共同话题等。同好是社群成立并能持久运营的前提。它可以基于某一个产品或IP，如华为手机、王者荣耀；可以基于某一个行为，如学英语、滑滑板；可以基于一个空间，如"某个小区业主群""上海交友群"；可以基于某种感情，如"宝妈交流群""校友会"；也可以基于某一类观点或者需求，如提供知识服务的"罗辑思维"和提供创业服务的"黑马社群"。同好是将用户聚集在一起的基石。

在创建社群之初，运营者一定要明确群内用户是否为"同好"，如果范围设置得太大或有所偏离，就容易导致用户定位不精准，社群营销效果大打折扣。例如，某个四六级英语学习社群在创建之初,直接把大学生集中拉入群,但有的大学生并没有学习英语的需求,他们可能会直接退出或在群里发一些不相关言论;有的大学生在其他培训机构学习英语,他们可能向其他群友宣传社群的竞争对手,导致用户流失。

2. 结构

创建社群就像成立公司和搭建房屋一样,只有拥有了稳定的结构,才能保证社群的正常运行,并抵御突如其来的各种挑战。这里的"结构"包括组成成员、交流平台、加入原则和管理规范。

没有结构的社群通常会出现以下几种情况:一是广告满天飞,而真正有价值的发言寥寥无几;二是聊天内容偏离主题,成为成员的信息负担;三是成员间意见不合引发争吵,破坏社群气氛和成员关系;四是缺乏规定的内容输出与交流方式,导致长时间无人发言。失去稳定结构的社群就像断了线的风筝,运营者难以控制,社群目标也不明确,最终就会"坠落"。

3. 输出

"输出"指运营方和群友共同产出的内容。我们关注社群的一个重要原因是可以在其中获得所需的有价值的信息。例如,在学习社群中,我们能得到学习资料和方法;在产品社群中,我们能得到新品发布、优惠信息。输出决定了社群的价值,输出内容必须稳定且有价值。没有持续针对"同好"的输出,社群就会逐渐流失用户。新媒体时代内容为王,"罗辑思维""吴晓波上海书友会""秋叶PPT"等社群之所以能设立高额会员费且供不应求,就是因为它们提供了独特且有价值的输出。

4. 运营

"运营"决定了社群的寿命和深度。运营方式和策略应根据社群的属性和定位来决定。但优秀的运营能给用户带来仪式感、参与感、组织感和归属感。例如,有的社群为新人提供入群大礼包、组织线上线下活动、让群友担任管理员等。运营是与同类社群拉开差距的重要手段,而创新则是帮助运营发挥力量的关键要素。创新社群运营的关键在于不断探索新的方式和方法,吸引更多用户参与并保持社群活跃度。创新社群运营方式包括创造独特体验、利用新技术、建立社区互动平台、引入新话题和内容、建立社区品牌等。

5. 复制

"复制"决定了社群最终能达到的规模。一个社群创建后,其容量总会达到上限,可能是平台限制(如微信群上限500人,QQ群上限3000人),也可能是管理最优规模限制。如果能将主群形成的价值体系进行复制,服务更多用户,就能扩大社群规模。

活学活用这些社群运营要素能帮助运营者较快地建立和发展社群,避免走入营销误区。

案例分析

樊登读书会

樊登读书会是由樊登于2013年发起,同年10月正式成立的一个移动互联网知识学习平台。樊登读书会是倡导全民阅读的先行者,帮助我们养成阅读的习惯。

2018年"樊登读书会"正式更名为"樊登读书"。2023年，"樊登读书"正式更名为"帆书"，"樊登读书App"正式更名为"帆书App"。

1. 社群创建

樊登读书会创建了自己的社群，包括线上和线下的读书分享会、阅读空间等，为会员提供了一个交流和分享的平台，提升了用户黏性和忠诚度。

2. 社群互动

樊登读书会通过直播、视频等形式与会员保持互动。例如，樊登本人会定期在直播中与会员进行交流，回答会员的问题，分享自己的见解和阅读心得。

3. 社群传播

樊登读书会通过社群的传播力量，扩大了品牌影响力和用户规模。例如，在每年的世界读书日，樊登读书会都会组织各种线上和线下的活动，吸引更多的用户参与并进行自发传播。

4. 社群价值

樊登读书会通过提供社群价值，提升了会员的满意度和忠诚度。在社群中，会员不仅能获得丰富的阅读建议和推荐，还能了解更多的阅读方法和技巧，并与其他会员分享阅读心得。

樊登读书会在知识传递、思维提升、社交互动和个人成长等方面为用户提供了价值，因此深受用户的喜爱。

思考：

1. 你周围有哪些社群？它为你提供了什么价值？

2. 五大社群要素在樊登读书会上是如何体现的？

任务1.3　识别社群营销的价值

📖 任务引导

通过学习，王平了解到社群营销是一种非常重要的营销方式。然而目前营销方式多种多样，如互联网广告、搜索引擎广告、竞价广告、短视频广告等，这些营销方式各具效用。相比而言，为何要选择社群营销呢？在选择社群营销时要注意哪些方面呢？王平对此不甚理解。

◎ 核心知识

1. 社群营销的优势

社群营销主要有三大优势：成本低、收益高；用户精准度高；竞争壁垒高。

(1) 成本低、收益高。传统的营销方式，比如线下电视、流动广告，线上的互联网广告、搜索引擎广告、大V代言等，最大的特点就是面向群体广，但目标客户群体不够聚焦。线上营销虽能通过技术降低广告费用，实现获利，但随着红利期的结束，竞争愈发激烈，实际引流的成本不断攀升。而社群营销却具有成本低、收益高的优势。

第一，在社群营销中，获客成本低。社群营销通过客带客的模式，利用社区运营体系建立后的首批成员进行裂变。这批成员既是购买者，也是传播者。社群成员会互相反馈，带动他人加入，获客成本几乎为零。

第二，在社群营销中，客户维护成本低。在社群中，群成员是基于认可和兴趣加入这个社群的，所以他们具有一致的标签和相似的行为，而这个群就是他们联系的纽带。只要社群满足他们的价值需求或兴趣，他们便对这个社群产生依赖，不会轻易退群。

第三，在社群营销中，运营费用低。当社群有了基本管理模式之后，内容的产生与传播在很大程度上依赖群成员，每个运营人员可同时负责多个群的相同工作，所以在人力、时间等成本上大大降低。

(2) 用户精准度高。社群在创建之初就定下了社群运营和营销的目的，同时也确定了潜在客户的范围，群里每一个用户都是精准用户。这些用户的行为、兴趣和思维方式相似，彼此间容易产生信任感。进一步来说，他们更愿意遵守一致的行为规范，持续互动。对于这样的群体，他们的需求是一致的。例如，在游戏社群中，用户对游戏充值、周边产品的偏好一致；在书法学习群中，用户对书法用具、学习课程的需求共通。

基于这样的圈子、人脉而产生的社群营销，在后期增值过程中，只需抓住用户痛点，推送合适产品，就能收到较好的效果。

(3) 竞争壁垒高。随着互联网发展，信息传播量激增，消费者的选择更加自由，在公域中吸引用户或促使用户复购难度加大。但是，通过构建社群打造圈层，用户与用户、用户与社群、用户与企业之间的黏性则会增强，用户的社交关系得到沉淀，降低了他们接触其他产品信息的意愿。他们更愿通过熟知、信任的圈层消费。社群帮助企业维系客户，构建防火墙，抵御外来竞争压力。

知悉社群
营销优势

2. 社群营销的误区

(1) 群越多越好、群里人越多越好。很多运营者认为，群越多、群里的人越多，则潜在客户越多，未来付费用户也越多。但实际上，很多社群为了快速扩张用户群体，盲目拉人，忽视用户质量、群内氛围及价值产出，导致群内用户体量虽大，但不符合用户画像，对社群无忠诚度，转化率大幅下降。所以，在扩大社群时，一是要做好入群审批；二是要培养管理人员，确保社群质量。

识别社群营销误区

(2) 社群越活跃越好。有的运营者认为，活跃度提高则转化率提高，因此想尽办法提升活跃度。但实际上，活跃度与转化率无必然联系。过度活跃未必是好事，如过多投放品牌广告易引起消费者反感；少数成员过度活跃造成消息泛滥，给未参与话题的成员带来负担。因此，应追求高相关性、高质量、多人参与的活跃，以实现转化。

(3) 一个人管理多个群。有人认为，社群运营者只需审核入群、发消息、回答问题，因此一人管理十来个群。但实际上，社群营销和运营涉及了解用户、内容准备、活动策划、调节气氛、建立关系、推销推广等多方面工作。一人管理多个群易导致全员沉默，无法做出真正的好社群。提倡多人分工管理多群。多人分工管理多个群既可以节省成本，又体现了专业性。

(4) 刚设立群就卖货。一些社群刚创建不久便开始卖货，基于新鲜感或优惠政策，初期可能有订单，但大部分人对这种带有很强的目的性和诱导性营销是反感的，或群内成员退出，或把群消息屏蔽，导致社群静默，剩余成员也对社群失去信心。社群营销之所以受欢迎是因为其能长期与用户保持稳定良好的链接。运营者急着增值，反而得不偿失。

(5) 拒绝闲聊与灌水。有的运营者为保证群质量、提升内容价值，禁止成员闲聊，只在话题讨论或分享时打开禁言。这是不可取的。因为人与人间的情感和链接源于日常琐碎的交流，社群应留给成员沟通、传递情绪、建立友谊的空间。如果缺乏额外的交流，社群气氛严肃，社群成员间仅存在利益关系，会给用户压迫感。

任务1.4 辨别社群的常见类型

📑 任务引导

王平对社群进行了一番调研后，认为社群对直播间销量有较大影响，因此向张组长提交了社群项目策划书。但在正式开始社群项目之前，张组长要求王平回答一个关键问题——"你准备设立一个什么类型的社群"。王平立马学习起来。

◎ 核心知识

1. 以内容主题分类的社群

社群按内容分类，可分为产品型社群、消费型社群、兴趣型社群、知识型社群、功能型社群和目的型社群。

(1) 产品型社群，也可称为IP型社群。厂商建立产品型社群的目的是构建消费者与产品之间的情感纽带，使消费者对产品产生信任和依赖，从而长期重复购买该产品及延伸产品。社群用户主要为该产品的需求者或使用者。例如，果粉交流群、小米用户群、雅漾新品试用群等，常以产品为核心，通过社群激发用户价值。偶像梦幻祭旗舰店官方群②(见图1-5)就是动漫产品店铺的产品型社群。

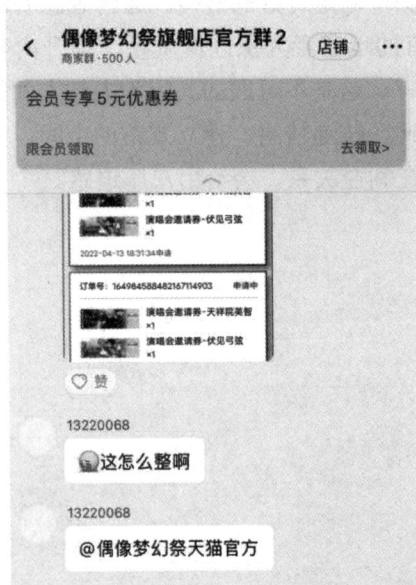

图1-5　产品型社群——偶像梦幻祭旗舰店群

(2) 消费型社群。此类社群通过提供团购、秒杀、优惠券等福利吸引用户，借助多样化的活动形式促进用户消费，提升用户的参与感，达成社群带货的目的。购物群、秒杀群、××直播间群等是常见的消费型社群。目前，此类社群与直播电商相互配合，营销效果显著。当当福利群(见图1-6)就是以图书优惠福利吸引用户的消费型社群。

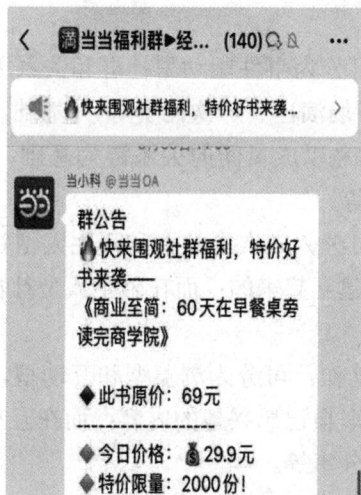

图1-6 消费型社群——当当福利群

(3) 兴趣型社群。此类社群将有相同兴趣爱好的用户聚集在一起，通常由社交平台或者社区网站创建，旨在为用户提供一个可交流、分享和学习的平台。例如，音乐爱好者社群、健身爱好者社群等。

(4) 知识型社群。知识型社群将不同背景、不同领域的专业人士聚集在一起，形成一个分享和交流知识的平台。知识型社群可以帮助成员在各自领域内获得更多的知识和经验，同时促进成员之间的互相学习和共同成长，如书友精选粉丝群(见图1-7)。

图1-7 知识型社群——书友精选粉丝群

(5) 功能型社群。此类社群旨在帮助用户实现某种特定功能，如知识学习、技能提升。例如，"秋叶PPT"创建的社群专注于分享PPT制作经验、交流制作技巧。

(6) 目的型社群。此类社群主要为实现某种特定目的而创建。它通常由行业协会或者社会团体创建，旨在促进成员之间的合作和共同行动。例如，慈善组织社群、志愿者团队社群等。

2. 以其他方式分类的社群

(1) 根据社群组建目的，可分为事件驱动型社群和关系驱动型社群。事件驱动型社群是以某个事件(如一次活动、一场演出、一次比赛等)为基础，吸引大量相关人员参与和互动的社群。而关系驱动型社群是以成员间的关系链为基础，自发形成的社群，比如亲戚群、同学群、同事群、同好群等。

(2) 根据社群成员身份，可分为熟人型社群和陌生人型社群。在熟人型社群中，成员之间互相认识，是基于强关系建立起来的；而在陌生人型社群中，成员之间互相不认识，是基于弱关系建立的。

(3) 根据社群里用户核心动作，可分为浏览型和互动型。在浏览型社群中，用户在社群内主要进行信息浏览，以获取自己感兴趣的内容；而在互动型社群中，用户主要进行互动交流，如发表观点、评论、分享等。

(4) 根据社群成员关系是否平等，可分为关系平等型社群和关系不平等型社群。在关系平等型中，成员之间地位平等，可以自由交流、互动；而在关系不平等型中，成员之间地位不平等，有明显的层级结构，下级必须服从上级的决策和命令等。后者主要指工作群和学习群。

课后练习

一、单选题

1. 以下哪项不是社群构成的关键因素？( )

A. 同好　　　　B. 资源　　　　C. 复制　　　　D. 结构

2. 以下属于产品型社群的是哪项？( )

A. 拼多多砍单群　　　　　　B. 小米社群

C. 樊登读书会　　　　　　　D. 四六级备考群

3. ( )是构成社群的主体，也是社群的基本要素。

A. 用户　　　　B. 利益　　　　C. 结构　　　　D. 费用

4. 以下哪种社群类型的成员间关系最为平等？( )

A. 血缘社群　　B. 地缘社群　　C. 趣缘社群　　D. 学习社群

5. 下列哪项是社群营销的基本原则？( )

A. 追求利润最大化　　　　　B. 重视用户反馈和需求

C. 采用各种手段吸引用户　　D. 尽可能减少营销投入

二、多选题

1. 下列哪几项对社群的定义是正确的？( )

A. 一群人的集合

B. 一群有相同兴趣爱好的人的集合

C. 一群有共同目标的人的集合

D. 一群认识人的集合

2. 下列哪几项是社群的特征? (　　　)

A. 互动性　　　　　　　　　B. 开放性

C. 目的性　　　　　　　　　D. 匿名性

3. 在社群中, 以下哪几种行为会对社群产生不利影响? (　　　)

A. 发布广告　　　　　　　　B. 参与讨论

C. 发布不实信息　　　　　　D. 潜水不发言

E. 日常问好

4. 一个社群可以是(　　　)。

A. 一个App　　B. 一个论坛　　C. 一个QQ/微信群　　D. 一个广场舞团队

5. 社群营销成本低的原因有哪些? (　　　)

A. 社群运营成本低　　　　　B. 社群竞争压力少

C. 社群不需要人管理　　　　D. 社群营销效果持久

扫码自测①

三、简答题

1. 请简述社群发展的两大核心因素。

2. 产品型社群和消费型社群的区别是什么?

3. 社群营销有哪些优势?

四、思考题

1. 按照顺序回答"任务引导"中王平的疑问。

2. 同一个主题是否可以建设出不同内容的社群? 请以自己的兴趣或擅长点举例说明。

五、实操题

请3~5位同学组成一个团队, 寻找1~3个社群, 并利用1~2周时间进行观察, 然后填写表1-1和表1-2。

---

① 教师和学生拿到书, 先扫描封底刮刮卡, 再扫描书内习题码, 确认是否能正常做题; 之后关注"文泉考试"公众号, 这个公众号可作为除图书以外的第二入口; 教师在公众号内先进行教师认证, 待通过后可创建班级, 将班级码分享给学生, 提示学生加入; 学生扫描书内习题码或者单击公众号上的"做题", 做完题后, 输入班级码, 可将答案提交教师; 教师从后台可以导出成绩。

表1-1　社群初级记录表

社群名称			
群主		群管理	
群主身份		群管理分工	
社群所在平台		平台特点	
社群的规格(进入时人数)			
社群日常活跃人数 (一周内发言活动人数)			
社群发展的核心因素			
社群为群友提供的价值			
社群发言讨论主要内容			
社群内举办的活动			
社群构成五大要素的体现			
其他有价值或有意思的细节			

表1-2　任务训练评分表

任务环节	工作内容	参与成员	自评分	小组评分

项目2　构建初级社群

📚 项目目标

知识目标：

1. 了解定位社群目标的意义。

2. 了解社群价值体系的含义。

3. 熟悉常用的社群平台。

4. 掌握社群规则的设置要点。

技能目标：

1. 能掌握定位社群目标的步骤。

2. 能根据社群特点选择合适的社群平台。

3. 能根据社群目标确定价值需求，并寻找价值源。

4. 能制定社群规则和组织基础的社群活动。

素养目标：

1. 了解社群价值体系对用户及社会的意义。

2. 培养在社群中建立正向价值观的能力。

3. 培养全局观，能统筹规划社群。

4. 学习各平台规则，遵守各平台规则，并培养法治意识。

🔷 思维导图

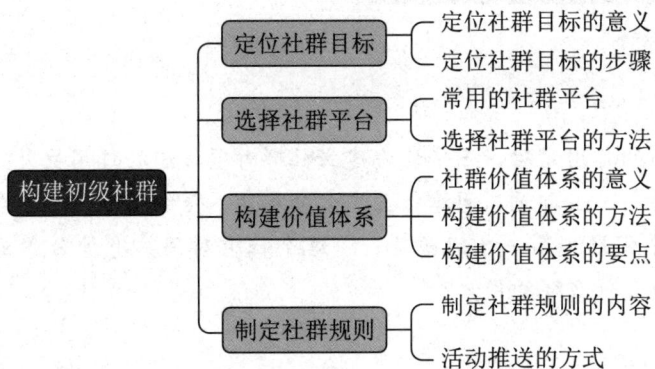

- 学到的知识

_____

_____

_____

- 掌握的技能

_____

_____

_____

- 提升的素养

_____

_____

_____

任务2.1　定位社群目标

📄 任务引导

在了解到社群的作用之后，王平认为建立社群对项目组的作用巨大。于是他迅速设计了几个"直播社群"，但却无人问津，王平十分着急。张组长让王平不要急于扩张社群，而是仔细研究两个问题：第一个问题是："这个社群对用户有什么意义？"第二个问题是："这个社群适合什么样的用户？"

◎ 核心知识

1. 定位社群目标的意义

有人认为流量和增值可以直接划等号；也有人认为只要不把增值作为目标，就不要考虑社群用户的特点。这些都是错误的观点。无论社群采用了哪种方式拉新、举办了多少活动、投入了多少资源，如果没有统一的目标和方向，最后的留存率和转化率仍然会非常低。有的社群运营了很多活动，但增值时用户却不买单；有的社群是自由发展的，不加以管理，容易变成普通的聊天群。社群成员是多样化的，输出内容很容易偏离原有的主题。因此需要一根"引导棒"来指挥社群运营，而社群目标就是这根"指挥棒"。

定位社群
目标

提前定位社群目标对于社群管理者有以下优点。

(1) 精准营销。通过明确的社群目标定位，社群管理者可以更准确地识别和理解潜在用户的特征和需求，绘制用户画像，从而设计出更有针对性的营销策略，有效地分配资源，如在哪些平台投放广告，如何分配营销预算等。这有助于提高营销活动的效果，减少资源浪费。

(2) 增强品牌形象。社群管理者可以根据目标社群的偏好和价值观来塑造和调整品牌形象，使其更加吸引目标用户。这有助于建立社群品牌的独特性和认同感。

(3) 提升客户忠诚度。定位社群目标，能够了解并满足目标社群的需求，制定更符合受众兴趣和需求的内容，增加内容的吸引力和参与度，从而增强客户的满意度和忠诚度。忠实的客户群是管理者长期稳定发展的重要基础。

(4) 获得竞争优势。在激烈的市场竞争中，准确地定位社群目标可以帮助社群更有效地设置差异化的内容，区分自己与竞争对手，从而获得竞争优势。

> **小案例**
>
> 有机生活馆是一家以轻食为主题的餐厅。它的用户群体是注重健康和可持续生活的消费者，店主希望通过建立社群来稳固老客户群体，并吸引更多新用户。但店主发现，只有轻食餐介绍和优惠信息无法吸引到客户，因此准备换个方向。通过市场调研发现，店铺的潜在客户年龄在25~40岁。这些人注重健康饮食，并且喜欢分享他们的生活方式和饮食选择。最后，店主将自己的社群目标定位为

"分享健康的生活方式",通过日常鼓励大家分享交流自己的健身、饮食方法,建立友好的社群关系。通过设置运动打卡、卡路里打卡等活动活跃社群气氛,并通过分享到微博、小红书平台(见图2-1),扩大有机生活馆的品牌宣传。

图2-1 社群平台微博及小红书

2. 定位社群目标的步骤

定位社群目标需要分三步走:明确社群的目的,分析市场和竞品,设立社群的名称、口号和标识。

(1) 明确社群的目的。每个社群的建立都包含了销售产品、服务用户、拓展人脉、聚合兴趣相投的人、打造品牌、树立影响力等中的一个或者多个目的。例如,将"销售产品"作为社群建立的主目标,可以建立直播快闪群,利用线上社群的影响力和传播力提高产品粉丝参与度和活跃度,通过联合线上直播和支持社群,最终将产品卖出。除了直接销售产品,很多粉丝群、种草群、行业群也存在着卖货的目标。又如,将"打造品牌"作为社群建立的主目标,可以通过分享知识、情感和物质等方面的资源吸引用户,通过鼓励消费者参与品牌活动、发布品牌广告,来提升品牌影响力。因此,明确社群的目的是至关重要的。

(2) 分析市场和竞品。了解市场环境和竞争对手能够帮助社群管理者发现市场未被满足的需求。社群的市场和竞品分析的具体内容如表2-1所示。通过表2-1中的各类模型进行分析,能更好地建设自身社群的特色。

表2-1 社群的市场和竞品分析

分析点		分析内容
市场分析	S-市场细分	社群用户需求、偏好、特征或行为等
	T-目标市场	选择一类或者相似的几类社群用户对应的市场作为目标
	P-市场定位	自身社群在目标用户心中的定位
竞品分析	相似竞品	①组织架构、用户总数、群管理结构、社群的管理工具、用户属性、核心优势、群内常规的活动、管理员和用户的主要沟通内容等。
	龙头社群	②群内用户对这个社群的满意及不满意的方面

市场分析一般采用STP模型,即市场细分(segment)、目标市场(target)、市场定位(position):首先根据用户的不同需求将市场进行细分;之后根据市场细分,确认想进入的一个或多个细分市场;最后根据选择的市场,定位社群的特点。

竞品分析要做到以下3点。第一,确定哪些社群是我们的竞争对象,相似竞品和龙头社群是主要分析目标。相似竞品——那些与自己的实力、影响力、类型、环境比较类似的社群。龙头社群——在同行业内做得最好或知名度最大的社群。第二，通过调查社群背景、社群基础信息、社群动作和社群用户满意度等信息来了解竞品的运营模式，从而找出值得借鉴的地方或进行产品差异化。具体了解的内容包括以下几个：对方的组织架构、用户总数、社群管理结构、社群的管理工具、用户属性、核心优势、群内常规的活动、管理员和用户的主要沟通内容等。除了以上方面，还可以调研群内用户对这个社群的满意度，或者有哪些做得不好的地方。这些要点需要在建立自身社群时格外重视，因为管理者通过这些要点可以进行"弯道超车"，凸显社群特色。第三，通过一些专业分析模型(见表2-2)进行分析，得出结论。通过使用模型不仅可以学习到优秀社群的特点，而且可以创造自身社群的特点和优势，从而在众多社群中脱颖而出。

表2-2　分析模型

模型	内容
SWOT：通过优势(strengths)、劣势(weaknesses)、机会(opportunities)和威胁(threats)，两个维度、四个象限，选择适合的战略(扩张战略、防卫战略、分散战略、缩减战略)	通过确定影响目标实现的关键因素，帮助社群制订相应的战略计划
Kano 模型：由东京理工大学教授狩野纪昭(Noriaki Kano)发明，是一个对用户需求进行分类和优先排序的分析工具	通过分析用户需求对用户满意的影响，体现社群产品属性和用户满意之间的关系
波特五力：是用于分析行业竞争态势的经典模型	通过分析"供应商的讨价还价能力""购买者的讨价还价能力""潜在竞争者进入的能力""替代品的替代能力""行业竞争者现在的竞争能力"5种力量，体现社群所处的竞争环境

(3) 设立社群的名称、口号和标识。社群有多种取名方法。第一种，围绕创始人的姓名或者核心产品取名。例如"米粉群""秋叶书友会""罗辑思维"等。第二种，根据目标用户群取名，比如"某某小区群""王者荣耀玩家群"。第三种，根据群理念取名，比如"趁早""考研必过"。设立社群的名称时，便于记忆和传播是首先要考虑的，尽量避免使用生僻字、中英混合或者容易写错的字。

社群口号要展现社群的价值观和独特之处。在设立社群口号时，考虑的要点是简单、朗朗上口、让人一眼就知道这个群的作用。例如"罗辑思维"的口号是"有种、有趣、有料"；"秋叶PPT"的口号是"每天3分钟，进步一点点"。

设计社群标识时，需要注意3点。一是围绕社群的名称，能让用户迅速识别和记忆社群；二是成熟企业的社群可以直接使用自己的品牌标识设计社群，这样有助于品牌推广；三是在社群分化之后，可以在不同群的标识上加上地域、类型等字样，方便区分和管理社群组。除此之外，社群管理者在设计社群标识时，也要注意法律法规要求，避免和其他社群产生冲突。

案例分析

大学生领导力与社会责任示范研修班

兰州大学有一个特别的教育项目——"大学生领导力与社会责任示范研修班"(见图2-2)。这个项目于2014年正式启动，学制为一年，是利用学生的课外业余时间完成的。它通过课程、企业调研、讲座、国内外各类活动，为学生提供深度研学的载体、创新服务的平台。

为了办好这个研修班，吸引到更多优秀学员，兰州大学在多方面进行了努力。

图2-2　研修班学员赴泰国曼谷参加世界大学生领袖研讨会

社交媒体推广：在微信公众号、校园网等平台上创建官方账号，发布项目的介绍视频、学生见证、讲座预告、活动花絮等内容。

KOL(关键意见领袖)合作：邀请校园内的影响力人物(如学生会领导、知名校友)分享他们的领导力故事和参与项目的体验。

线上线下活动：设置线上问答环节，邀请项目负责人或参与过的学生解答疑问；利用社群平台宣传即将到来的讲座、研讨会或其他相关活动。

学员筛选：研究班每期学生限额30~50名，采用2000字的个人小传、成绩单、面试等方法进行筛选。

内容分享：分享参与"未来领袖挑战"项目的学生的成长故事、项目中的有趣经历或学到的重要课程；发布关于领导力和社会责任的知识内容和案例分析，并邀请成功的校友分享他们的职业道路和如何应用在"未来领袖挑战"中学到的技能。

"研修班的成功举办不仅为管理学院的本科生教育开辟了新的思路，同时也为学校本科生的创新培养提供了有益探索，希望研修班能够进一步彰显特色，发挥示范作用，持续扩大影响力。"兰州大学党委常委、副校长曹红对大学生领导力与社会责任示范研修班有着高度的评价。

思考：

1. 这个研修班是一种形式的社群吗？它的社群目的是什么？带给社群用户什么价值？

2. 这个研修班为社会和兰州大学带来了什么益处？

⚙ 知识拓展

STP——细分、目标、定位

"STP"在营销领域是一个常见名词，代表"细分(segment)、目标(target)、定位(position)"。细分、目标、定位是营销策略的核心组成部分，用于指导公司如何识别和服务消费者群体。

1. 细分(segment)

在这一步骤中，市场基于消费者的需求、偏好、特征或行为等因素被划分为不同的细分市场。这些细分可以基于多种标准，如地理位置、人口统计学特征(年龄/性别/收入水平等)、心理特征(生活方式/价值观等)和行为特征(购买习惯/品牌忠诚度等)。

2. 目标(target)

在确定了细分市场后，公司将选择一个或多个细分市场开展营销活动。这一选择基于细分市场的吸引力和公司的资源、能力及目标。目标市场的选择是一个战略决策，涉及评估市场的潜力和竞争环境。

3. 定位(position)

在定位时，要考虑公司产品或品牌在目标消费者心目中的位置。这包括确定产品的关键特性和优势，并通过营销传达这些信息，以此与竞争对手区分开来。有效的定位策略会使消费者认为这个品牌在满足其特定需求方面是独一无二的。

SWOT分析——优势、劣势、机会、成本

SWOT分析(见图2-3)是一种战略规划工具，用于评估组织、项目、产品或个人的优势(strengths)、劣势(weaknesses)、机会(opportunities)和威胁(threats)。它帮助确定内部和外部因素，对成功至关重要，组织通过SWOT不同维度分析，可以多方进行规划，制定战略。

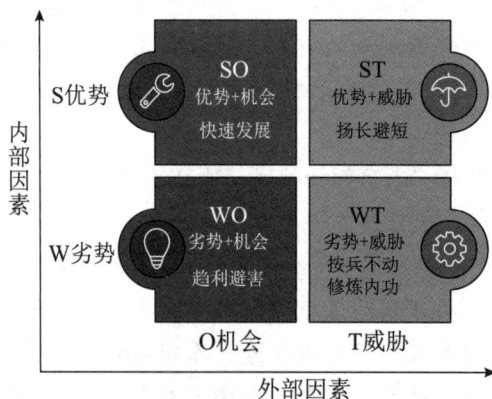

图2-3 SWOT分析

优势(strengths)，是组织在执行项目或达成目标时所拥有的内部资源和能力。例如专业技能、专利技术、强大的品牌形象、良好的客户关系、健康的财务状况等。

劣势(weaknesses)，是组织内部的缺陷或限制，可能阻碍其效率或表现。例如资源不足、技术落后、内部管理问题、员工技能不足等。

机会(opportunities)，是组织可以利用的外部条件，以提高其绩效和竞争力。例如市场增长、技术进步、政策变化、竞争对手的弱点等。

威胁(threats)，是可能对组织造成负面影响的外部因素。例如竞争加剧、市场需求下降、不利的政策变动、经济衰退等。

SWOT分析的主要目的是确定影响目标实现的关键因素，并制订相应的战略计划。通过这种分析，组织能够利用优势，弥补劣势，抓住机会，应对威胁。这是一种广泛用于企业战略规划、市场分析、项目管理等领域的有效工具。

任务2.2　选择社群平台

📖 任务引导

在了解如何定位社群目标之后，王平将自己的社群定位为"帮助用户找到便宜、好吃、好玩的好物种草群"。随后，他又犯难了：现在网上各类社群平台如此繁多，自己的社群在哪个平台运营比较好呢？

◎ 核心知识

1. 常用的社群平台

社群平台一般分为两类：一类是有专属App的大型社群，如帆书、得到等；另一类是公共类的社群平台。公共类社群平台最大特点是拥有庞大的使用群体，而营销人员要做的就是将这些公域平台的使用人群吸收并转化为社群成员。公共类社群平台呈现两个发展趋势：一是社群作为辅助，配合平台管理客户，如喜马拉雅、抖音；二是发展为兼具管理与营销功能的第三方社群平台，如QQ、微信、微博。以下介绍3种常用的第三方社群：QQ群、微信群、微博群。

辨别社群
常见类型

(1) QQ群。QQ作为中国互联网上久盛不衰的社交应用平台，成立于1999年，在之后的数十年迅速发展。2023年，QQ用户数量已经超过10亿，月活跃账户数为5.58亿。QQ群的用户以"90后""00后"为主，其最高规模等级达到3000人，属于群用户数量上限较高的平台。QQ群自带的管理功能包括群课堂、群文件、群相册、群活动、收集表、群公告、群分享等。QQ群的功能在众多平台中相对完善，能够帮助群主及管理员更好地经营群。例如，QQ群能够通过定时信息，提醒群员一些注意事项；可以通过群相册、群文件，鼓励群友进行分享；通过匿名聊天进行头脑风暴；等等。QQ群的推广方式包括群号、群二维码、群链接、个人邀请、标签搜索等。QQ群的社群用户群体集中于我国东部和中部，其中广东、湖南、四川用户较多。QQ群用户年龄较小，更追求个性化，偏好动漫、明星、游戏等泛娱乐内容。总而言之，QQ群更适合年轻群体，其功能丰富，运营形式多元，群容量大。但需要注意的是，高匿名与大容量的特征也增加了社群运营的复杂度。

(2) 微信群。微信群作为当前社群运营的核心载体，已成为社群负责人首选的运营平台。相较于QQ群，微信社群用户群体呈现显著差异：25岁以上职场人群占比更高，且用户分布集中在一线城市。微信群的基础群容量是500人(企业微信群可扩展至2000人)，以即时通讯类信息传输为主，主要功能包括群红包、群收款、群通话、位置共享等。它的推广方式只有群二维码和个人邀请两种，微信群用户超过40人，邀请新用户进群需要对方同意；超过100人时，新用户需要实名认证才能接受邀请；超过200人时，则无法通过群二维码入群，入群限制比较严格。此外，由于微信有工作辅助功能及朋友圈特性，其用户更偏爱熟人社交，娱乐性相对较低。但随着小程序的诞生，微信又增加了购物、游戏等功能，生态圈较完整。总而言之，微信群的社群用户群体是目前社群平台中分布范围最广的，其中中青年占了较大比重。微信群偏好的熟人社交使其能够在工作类、学习类社群中发挥大作用。微信还专门开设了企业版，使其基础功能更加全面、用户信息保护得更好。因此，部分大型社群与企业开始偏向于使用企业微信。

> **小案例**
>
> 某在线教育平台针对即将参加高考的学生及其家长创建了QQ学习社群。这个群不仅提供学习资料和模拟试题，还定期安排有经验的老师在线解答学生在学习中遇到的疑难问题。此外，该平台还通过QQ群组织线上模拟考试和讲座，帮助学生更好地准备考试。通过这种方式，该平台建立了良好的口碑，并在学生和家长中形成了一定的影响力。这不仅增强了用户对平台的信任，还吸引了新的用户。

(3) 微博群。相较于QQ群和微信群，微博群的结构更为松散，功能相对单一，其核心优势在于依托微博——中国最大的公共信息平台，实现用户聚集。微博群将有共同爱好或标签的用户聚集起来，将他们发布的与之相应的话题内容自动聚合至群里面，以提升交流效率。微博群容量一般在200~1000人，可以通过邀请、群名片的方式加入新成员。微博群可设置为公开模式(允许全网搜索)或私密模式。基于微博以KOL为核心的生态特征，微博信息通过粉丝裂变而实现病毒式传播，快速触达目标群体及潜在受众。依托名人效应的事件，微博具有几何级扩散能力，适合KOL快速构建高互动的粉丝社群。

2. 选择社群平台的方法

在选择合适的社群平台时，社群发起者需重点考量4个维度：平台用户与目标受众的重合度、产品特性与平台调性的匹配度、运营所需功能支持、平台数据分析能力。

(1) 目标受众定位。社群发起者需要通过市场调研明确目标群体使用的核心活跃平台。不同的群体使用的社交媒体不同。例如，年轻群体倾向将QQ作为娱乐社交主阵地，而职场人群可能更多地使用微信。

(2) 产品属性匹配。社群所属的行业特点和产品属性要与平台调性匹配。创建以娱乐为主的社群，优先选择支持匿名社交、信息传播效率高的QQ和微博。而创建以交换资源、拓展人脉、合作项目为目标的社群，首选建立强社交关系的微信。

(3) 功能需求评估。不同平台有不同的社群功能，社群发起者需要考虑正式管理社群后将需要哪些社群功能。如果为了方便用户进行资源分享和查询，或者经常进行各类游戏互动，那么选择具有群文件、游戏功能的QQ平台；如果涉及付费服务、小程序联动的运营，那么选择微信平台。需特别注意的是，微信对100人以上社群的审核较为严格。

(4) 分析与反馈。社群发起者应选择可以提供详细分析和用户反馈的平台。这对理解社群的行为、优化策略和测量效果非常重要。

综合考虑以上维度后，就能选择较为合适的平台。但成功的社群营销不仅仅是选择正确的平台，还包括创建有价值的内容，以及与社群建立真正的联系和互动。

❀ 知识拓展

病毒式营销

病毒式营销(见图2-4)是一种营销策略，核心在于创造具有高度吸引力和传播性的内容，使其在用户之间迅速传播，类似于病毒传播的方式。这种策略旨在通过口口相传或社交媒体的分享，迅速提高品牌知名度或产品认知度。病毒式营销具有以下几个特点。

(1) 极强的传播力。营销内容或具有创意性，或娱乐性，或能够引发情感共鸣，易于引起用户的兴趣并促使其主动转发。

(2) 依托社交网络。病毒营销高度依赖于社交媒体和网络，通过人与人之间的互动来传播信息。

(3) 低成本、高效益。与传统营销相比，病毒式营销的成本较低，却能产生巨大的影响力。

(4) 用户主导的传播模式。病毒式营销不是由品牌直接操控的，而是依赖于用户的自发分享。

(5) 快速扩散。成功的病毒式营销能够在短时间内获得大量关注、广泛分享和热烈讨论。

创意视频、有趣的社交挑战、感人的故事或具有争议性的话题都能引发病毒式传播。这种策略旨在创造一种"病毒式"传播效应，使品牌或产品信息像病毒一样迅速扩散。但需要注意的是，病毒式营销效果具有不可预测性，可能会带来意想不到的负面后果。因此，在实施病毒式营销策略时，品牌方需要仔细考虑内容的创意和潜在影响。

图2-4 病毒式营销图例

任务2.3　构建价值体系

任务引导

王平选择微信平台作为自己"好物种草群"的试点平台，他明白接下来就需要吸引第一批用户了。于是，他在朋友圈正式宣传了这个群，虽然有不少朋友点赞，但进群的人却很少。有个朋友在朋友圈留言："进群送零食吗？""进群有优惠券吗？"还有人问："进群可以拼剧本杀吗？"这使得王平开始考虑：这个群要给用户提供哪些价值？

核心知识

1. 社群价值体系的意义

社群价值体系并非仅指社群为运营者带来的商业利益，更指社群成员所能感知并为之吸引的价值点。只有成员认识到并认同社群的价值，才会愿意加入并长期与社群保持互动。因此，社群管理者需深入思考成员的价值需求、社群的价值输出以及价值源。

构建社群
价值体系

(1) 价值需求。价值需求指成员期望从社群中获得的内容，包括社群能够提供的物品、优惠、情感等方面的支持。价值需求能够促使成员留下并积极参与活动、保持沟通。价值需求可能是显性的物质需求，如价格优惠、学习资料、问答服务、各类资源等；也可能是隐性的情感需求，如归属感、认同与尊重。同时，社群管理者需要关注社群不同阶段成员的价值需求的一致性与变化。

(2) 社群的价值输出。价值输出指社群所提供的价值内容，包括具体产品、明确服务及实战经验。这些内容是用户加入社群的关键因素。价值输出的独特性越高，社群的吸引力就越大。

(3) 社群的价值源。价值源指价值内容的提供者，决定了社群的价值输出效果。一般新成立的社群的价值源可能是群主、群管理，也可能是邀请的行业大V或专家。社群管理者需要不断挖掘社群中有能力、有资源、愿意分享的成员，将其发展为价值源。这类人便是社群的KOL。例如罗辑思维社群的创始人罗振宇，他负责为社群提供信息与知识。在社群成熟后，这类知识型社群通常以团队形式输出内容。

> **开阔眼界**
>
> ### 红豆地产引领创新：党建融入社群营销，打造"红色 i 社群"
>
> 红豆集团拥有全国公认的优秀基层党组织，引领行业创新，借助党建活动为企业文化注入新活力。红豆集团秉承"听党话、跟党走、报党恩"的核心理念，已成功在旗下红豆置业中实施了这一策略，打造了独特的"红色 i 社群"(见图2-5)。
>
> "红豆 i 社群"并非仅仅是一个普通的居住社区，其构建理念更为深远。其中的"i"不仅代表英语中的"我"，也是"爱"的谐音，寓意着健康和谐。社群活

动紧扣和谐宜居的主题，包括环保教育基地、i烘焙课程、党员示范岗等。这些活动不仅服务于社区成员，还着力于文化传承和促进邻里和谐。

图2-5　线下党建社群——红豆i社群

红豆集团控股子公司红豆置业在项目建设和社群活动组织上不遗余力，采用"置业建设，物业运行；企业搭台、业主唱戏"的模式，精心打造"红豆i社群"的独特魅力。这种模式不仅使"红豆i社群"成为红豆置业的亮丽名片，更成为红豆物业党建的重要抓手。

红豆置业旗下的红豆物业强化党建引领，为"红豆i社群"注入了红色基因，通过双向培养和活动引领，赢得了业主的广泛支持和热爱。"红豆i社群"的建设明确了"党建引领促服务，和谐共建i社群"的目标和宗旨，强化了物业服务的质量。

红豆置业的这一创新实践，不仅展示了企业在追求服务质量和业主满意度上的不懈努力，更体现了其在新时代背景下贯彻落实"以人民为中心"的发展思想。红豆置业的"红豆i社群"，是"坚持以人民为中心"的新时代中国特色社会主义思想的生动实践，为行业树立了标杆。

红豆置业通过"红豆i社群"，不仅在房地产行业中树立了新的服务标杆，也为党建工作与企业文化的融合提供了范例。这种以人民为本的发展模式，无疑将引领更多企业探索在新时代背景下的创新发展之路。

思考：

社群在党建活动中起到了什么作用？

2. 构建价值体系的方法

基于"价值源决定社群价值输出，价值输出决定社群成员的价值需求是否得到满足"的逻辑，我们着手构建社群的价值体系。

(1) 明确社群用户需求。通过用户研究，如调研问卷、用户访谈和社群活动观察等，收集用户基本信息、偏好和需求的数据，进而对这些数据进行深入分析，提取关键信息，并绘制详细的用户画像，包括年龄、性别、职业和兴趣等。根据自身资源和能力，对用户需求进行优先级排序，并制定有针对性的产品或服务改进方案和营销策略；同时通过建立

描绘目标
用户画像
（上）——
基础解析

持续的交流渠道，定期收集用户反馈，确保策略始终与用户需求保持同步。

(2) 根据具体需求选择社群价值输出的方式。价值输出的方式包括内容输出、话题输出、资源输出、项目输出和成就输出。其中，话题输出是最常见的，但也是最难掌控的。社群运营者应结合热门话题与成员感兴趣的话题，定期组织讨论，并将讨论结果整理成册，作为社群内部资料。这些资料具有独特的价值，既能解决群成员的具体问题，又能增强成员参与讨论的意愿，还能吸引新成员加入。

描绘目标用户画像（下）——实际应用

(3) 寻找合适的价值源。寻找价值源需要关注并分析社群中的活跃成员和意见领袖，因为他们对社群文化和行为有重大影响。具体方法有以下几个：通过追踪用户"互动"(如评论、分享和点赞)，识别受欢迎的内容；定期进行问卷调查和反馈收集，洞察社群成员的亮点和核心角色；分析社群中热门话题，精准把握社群成员兴趣点；通过组织互动活动或挑战，持续挖掘新的价值源。

3. 构建价值体系的要点

(1) 避免将需求不同的人纳入同一社群，以免引发争议或浪费资源。例如，追求性价比的用户和追求品牌价值的用户不宜放在同一社群中，以免产生价格争议，影响其他成员的购买决策。

(2) 价值内容设计要紧贴目标人群的痛点，表述具体明了，具有吸引力。如入群即可获得××大礼包、每周大咖分享独家经验与资源。

(3) 建立互助共赢的价值模式。在社群运营中，去中心化能增强成员间的信任、自觉性、参与度和合作度，减轻管理压力，提升用户黏性，进而产出丰富有价值的群内容。

(4) 在社群中树立正确的价值观，如思维开放、待人公正、遵守规则、积极思考和互相尊重。通过争议判罚、奖励机制、言语鼓励和活动举办等方式，将这些价值观潜移默化地传递给群友，促进交流、分享，增强信任与连接。

❀ 知识拓展

社群的KOL是指在特定社群或领域中具有重要影响力和话语权的个人。他们凭借专业知识、广泛的社交影响力或对特定话题的深刻洞察，在社群中获得认可和尊重。在社群营销中，KOL的影响力可以带来多方面的积极效果。

(1) 提升品牌信任度。KOL作为某一领域的权威或专家，对产品或服务的推荐可以显著提高品牌的可信度和吸引力。

(2) 增加用户参与度。借助KOL的影响力和吸引力，可以有效促进社群成员的互动和参与，进而提高品牌的曝光度和用户忠诚度。

(3) 精准传达品牌信息。KOL与目标受众联系紧密，能够更有效地传达品牌信息，帮助品牌更精准地触及目标客户群体。

(4) 引导舆论和趋势。在特定社群内，KOL对趋势和舆论有着不可忽视的引导作用，对品牌形象和市场走向产生重要影响。

在社群营销策略中，明确与品牌价值观相符的KOL至关重要。社群管理者需要精准识别和挑选合适的KOL，建立真实可靠的合作关系，以在目标受众中建立信任，有效推广其产品或服务。

任务2.4 制定社群规划

📖 任务引导

王平的"好物种草群"逐渐步入正轨，进群的第一批用户多是朋友及他们引荐的熟人，彼此相识，兴趣相投。从最初的美食话题开始，逐渐拓展到人生感悟、日常生活和电影欣赏等多元话题，这个社群逐渐发展为聊天群。时间长了，王平也常被带入其他话题。王平应该怎么高效管理这个社群呢?

◎ 核心知识

1. 制定社群规则的内容

管理社群的首要任务是制定一套明确的社群规则。规则的内容可涵盖会员要求、社群简介、支持与反对内容等多个方面。

(1) 会员要求。社群管理者通常要求新成员入群时修改昵称。对于人脉群，可将新成员昵称设置为"姓名+城市+行业"的形式;对于学习群，可将新成员昵称设置为"姓名+城市+年级"的形式;对于专业技能群，可将新成员昵称设置为"姓名+城市+擅长领域"的形式。固定的昵称形式旨在保持统一规范，便于社群数据统计和活动安排。

(2) 社群简介。社群简介应简洁扼要，介绍运营者的身份、社群功能及成员可获得的收益。这样的简介既便于用户快速获取关键信息，又能避免因内容冗长而降低用户的阅读兴趣。

(3) 支持与反对内容。社群管理者需要明确社群鼓励的信息和内容，同时禁止广告、政治敏感话题、私自拉人、不文明用语、刷屏等行为。对于群内闲聊，社群管理者通常不会直接禁止，以免影响成员积极性。当闲聊过于频繁时，社群管理者可以通过发布信息、转移话题或提醒休息等方式适时终止用户闲聊。

需要注意的是，社群规则可以放置在群公告或设置为新成员弹窗，并要求确认。社群管理者制定规则时，应考虑社群成员间的行为并非基于强制性的师生或上下级关系，而是基于自发遵守的原则。因此，规则应合情合理、具体明确，易于理解和执行。

2. 活动推送的方式

在社群日常管理中，管理者会定期发布一些活动，以活跃社群氛围，培养用户定时查看群的习惯，并塑造专业的品牌形象。活动主要有群日报、群话题、群分享等方式。

(1) 群日报。群日报是每天在社群中推送的资讯新闻，常见于商业社群和情感类社群，可设置为早报、午报、晚报等形式，以文字、图片、网页、链接等展现。群日报的内容需要贴合社群定位，兼具及时性和深度，确保用户利用碎片化的时间能在1～3分钟内完成阅读。

(2) 群话题。群话题是社群管理者提出的有争议性和话题性的问题，旨在引发用户的思考和讨论。需要注意的是，群话题应与成员紧密相关，适合大部分用户参与。在聊天

管理社群
日常行为

时，社群管理员要加以引导，避免偏离主题或引发激烈争论。

(3) 群分享。群分享是指定期邀请嘉宾、大V在社群中进行分享，以提升社群价值和用户满意度。邀请对象可为社群运营者、成员、相关生态的其他群成员或相关专家。群分享的流程可以与群福利相结合。

课后练习

一、单选题

1. 社群营销中明确社群目标的首要步骤是什么？（　　）

A. 设定社群名称　　　　　　　　　　B. 明确社群的目的

C. 选择社群平台　　　　　　　　　　D. 制定社群规则

2. 在社群管理中，发起群话题的主要目的是什么？（　　）

A. 发布广告　　　　　　　　　　　　B. 引起思考和讨论

C. 收集个人信息　　　　　　　　　　D. 促进销售

3. 微博群最大的优势是什么？（　　）

A. 功能多样性　　　　　　　　　　　B. 匿名性

C. 信息传播速度快　　　　　　　　　D. 高隐私性

4. 社群价值体系包括以下哪三个方面？（　　）

A. 价值需求、价值输出、价值源　　　B. 价格策略、产品定位、市场分析

C. 营销推广、用户反馈、产品改进　　D. 品牌建设、目标设定、策略规划

5. 社群规则的设定可以分为哪四个方面？（　　）

A. 会员要求、社群简介、支持内容、反对内容

B. 社群名称、活动安排、成员招募、财务管理

C. 社群口号、标识设计、颜色选择、字体样式

D. 管理者职责、会议安排、任务分配、报告制作

6. 发布群日报的目的是什么？（　　）

A. 提供每日新闻和资讯　　　　　　　B. 统计群成员的日常活动

C. 发布群内的规则和通知　　　　　　D. 分享群主的个人见解

7. 对于年轻用户群体，哪个平台的社群功能更加多样？（　　）

A. QQ群　　　　　B. 微信群　　　　　C. 微博群　　　　　D. 得到

二、多选题

1. 哪些是病毒式营销的关键特点？（　　）

A. 高度传播性　　　　　　　　　　　B. 利用社交网络

C. 成本效益高　　　　　　　　　　　D. 用户主导的传播

2. 选择社群平台时，应考虑哪些要点？（　　　）

A. 目标受众的活跃度 　　　　B. 产品特性与平台匹配度

C. 社群平台功能需求 　　　　D. 平台的用户界面设计

扫码自测

三、简答题

1. 如何高效管理一个社群？

2. 如何在社群中找到并利用KOL？

四、实操题

1. 请帮助王平设计一套简单的社群规则。

2. 请3~5位同学组成一个团队，自行选择一个主题，设置一个社群，可以是学习群、资源群、直播购物群等，完成表2-3和表2-4，并在组内进行自评与互评。

表2-3　社群建立记录表

社群名称			
社群平台		选择原因	
群主		群管理	
群管理分工			
社群的口号			
社群的标识			
价值需求 价值输出 价值源			
社群的日常活动计划			
社群规则			
认为有特色 (或者突出)的要点			

表 2-4 任务训练评分表

任务环节	工作内容	参与成员	自评分	小组评分

项目3　管理社群用户

项目目标

知识目标：

1. 了解社群用户角色的划分，正确配置社群用户身份。

2. 识别社群新用户。

3. 掌握社群用户管理策略，培养用户黏性。

4. 识别社群用户价值，优化用户结构。

技能目标：

1. 能够根据企业需求配置不同角色的社群用户。

2. 能够发掘优质新用户，扩大社群影响力。

3. 找出社群用户管理的关键策略，培养用户黏性。

4. 能够基于社群用户评价标准区分社群用户价值。

素养目标：

1. 理解团队协作对个人价值实现的重要性，从而培养团队合作精神，提升团队协作能力。

2. 了解社群用户管理的社会价值。

3. 提升学习能力与团队组织能力。

🐾 思维导图

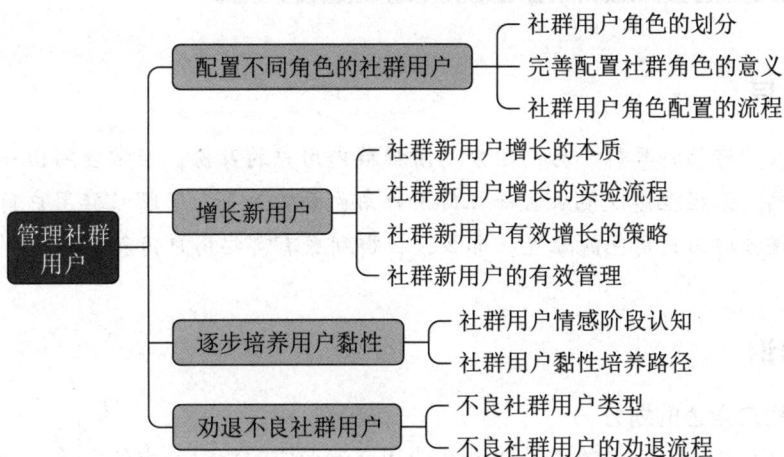

● 学到的知识

_____

_____

_____

● 掌握的技能

_____

_____

_____

● 提升的素养

_____

_____

_____

任务3.1　配置不同角色的社群用户

📖 任务引导

王平加入"好物种草群"后，因分不清社群内用户的身份，经常会闹出一些笑话，这让王平很苦恼。张经理建议他从认知社群用户角色意义入手，了解社群用户角色的划分方法，熟练掌握社群用户角色的配置。那么，社群到底有哪些用户角色呢？

◎ 核心知识

1. 社群用户角色的划分

社群是具有共同价值观的成员通过互动和交流形成的相对稳定的群体。社群用户是一个系统且复杂的群体，社群用户角色可以从不同角度进行分类。

1) 从社会角色的角度划分

从社会角色的角度来看，社群用户角色可以包括以下几种。

(1) 普通人，在社群中占比最高，但通常较少参与社群互动。

(2) 连接者，负责传播社群信息，促进信息流动。

(3) 意见领袖，通常在社群中拥有较高的声望和影响力，能够影响其他社群成员的观点和行为。意见领袖分为局部意见领袖(影响小范围人群)和全局意见领袖(广泛影响用户)。

2) 从社群运营的角度划分

从社群运营的角度来看，社群用户角色可以包括以下几种。

(1) 管理者，负责社群的日常管理和运营，通常由社群发起人或核心成员担任。

(2) 内容输出者，负责为社群提供优质的内容，可能是社群内的行业专家或活跃用户。

(3) 活动策划者，负责策划和组织社群内的各类活动，以提升社群互动和活跃度。

(4) 支持者，主动为其他成员提供支持和帮助，通常是社群中比较活跃的成员。

(5) 跟随者，对社群中的话题和活动保持关注但参与度较低，通常是社群中比较年轻的成员。

(6) 观望者，很少参与社群互动，通常是社群中比较沉默的成员。

(7) 规则破坏者，会在社群中发布不当内容或扰乱社群秩序。

以上是社群用户角色从运营角度划分的一些常见分类。实际上，不同的社群可能还会根据具体情况对用户角色进行更具体的划分。以某科技社群为例，管理员负责社群的日常维护、资源整理和问题解答；发言人负责分享专业知识、发表观点和互动引导；普通成员可以参与讨论和分享学习心得。一个人可能走得快，但是一群人会走得更远。建立社群管理团队和划分社群角色，可以让社群发挥更大作用和价值。

3) 从职能定位角度划分

从职能定位的角度来看，社群用户角色可以分为七类(见图3-1)。

(1) 群主。一般在社群中，群主相当于"大家长"的角色，需要具备号召力和领导力，

配置社群
用户角色

主要负责号召大家参加活动、发布重大事件、分享优质资源等，像CEO(首席执行官)一样，起到稳定人心的作用；需要在某个领域沉淀多年，有丰富的行业经验和核心竞争力；需要有具有某些价值的资源可以共享给社群成员；需要待人热情，公正公平，善于沟通；此外，群主还需要挖掘后备群主，为分群发展储备人才。

(2) 管理员。这个角色就像勤劳的小蜜蜂。在大方向上，管理员需要规划社群整体运营工作、策划活动、收集分析数据、整合资源。在细节上，管理员要负责新成员的审核、监督群内聊天内容、记录用户沟通信息、发布日报等。所以，社群管理员通常有多名。部分简单重复性的社群工作也可以交给社群管理工具。

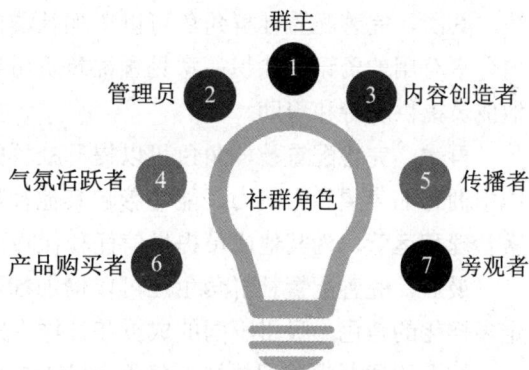

图3-1　社群不同角色配置

(3) 内容创造者。内容创造者通过输出社群核心内容，提升社群的专业影响力。他们通常知识储备丰富，逻辑分析能力强，能对外部的知识信息进行收集整理。他们是社群运营的核心力量，能影响社群成员。随着社群的不断发展，社群需要不断挖掘各种方向的内容创造者。社群管理者需要抓住内容创造者这一关键角色，通过给予其社群地位或者相关奖励，鼓励他们持续产出。当内容发生冲突时，社群管理者可以通过内容差异，将内容创造者引到不同的细分群组。

(4) 气氛活跃者。气氛活跃者不擅长生产内容，但愿意每天在社群内打卡、聊天，分享有趣的话题，在别人进行内容分享时给予积极的反馈，让整个社群处于活跃的气氛中，调节群友之间的关系。他们有非常强的亲和力，能加强群成员之间的联系。

(5) 传播者。传播者愿意将自己的生活、有趣的事物积极分享给大家，有很强的感染力。社群可以通过他们的不断分享收获新用户，扩大影响力。同时，社群可以通过优质内容的产出吸引传播者加入。

(6) 产品购买者。产品购买者是社群商业转化的关键角色。社群管理者需要服务好产品购买者，提升其复购意愿与分享动力，同时可以通过提供专属服务，增加用户黏性。

(7) 旁观者。旁观者是社群中的不活跃分子。他们不太参与社群活动，但对社群的主体或目标有一定兴趣。管理者需要找到契机把他们转化为内容生产者、气氛活跃者、传播者、产品购买者，从而提升社群的回报率。

群主、管理员、内容创造者、气氛活跃者、传播者、产品购买者、旁观者是社群必不可少的7个角色。他们可以相互重叠，也可以相互转化。社群运营者需要根据社群的特征，有针对性地引导社群成员，以丰富社群生态。

2. 完善配置社群角色的意义

完善配置社群角色的意义在于通过明确职责和作用，提高社群运作效率，活跃社群氛围。

首先，通过设定不同的角色，社群成员可以更加了解自己的职责和任务，从而更高效地参与社群活动。例如，管理员负责社群的日常管理和运营；内容输出者负责提供优质的内容；活动策划者负责策划和组织活动等。

其次，完善配置社群角色可以增加社群内部的互动和交流。例如，连接者负责在社群内分享有用的资讯或知识；意见领袖负责引导社群内的讨论和观点分享；支持者负责为其他成员提供支持和帮助。

再次，完善配置社群角色可以提升社群的影响力和信任度。例如，意见领袖凭借在社群中拥有的声望和影响力，能够影响其他社群成员的观点和行为；管理者通过对社群的日常管理和运营，为其他成员提供信任和保障。

最后，完善配置社群角色还可以增加社群的多样性和包容性。例如，通过在社群中设定多样化的角色，吸引不同的成员在社群中发挥自己的特长。

综上所述，完善配置社群角色有助于更好地管理和维护社群，增加社群内部的互动和交流，增加社群的影响力和信任度，以及增加社群的多样性和包容性。

> **小案例**
>
> ### 社群角色初了解
>
> 张老师运营了一个成人油画社群，独自承担管理与教学任务，但因精力有限，经常感到力不从心。一些社群成员在群里提问后，一段时间没人回答，便默默退群了。有时候，张老师发布活动信息后也没有人回复。慢慢地，群内人数逐渐减少，张老师也少了一批潜在顾客。于是她下定决心找几个人帮帮自己。

3. 社群用户角色配置流程

社群运营的本质是以"人"为核心重构商业逻辑，而不是以"产品"为核心的渠道分发。配置社群用户角色时，需要结合社群定位、目标和活动特点等考虑。一个成熟的社群用户角色配置通常包括以下7个方面(见图3-2)。

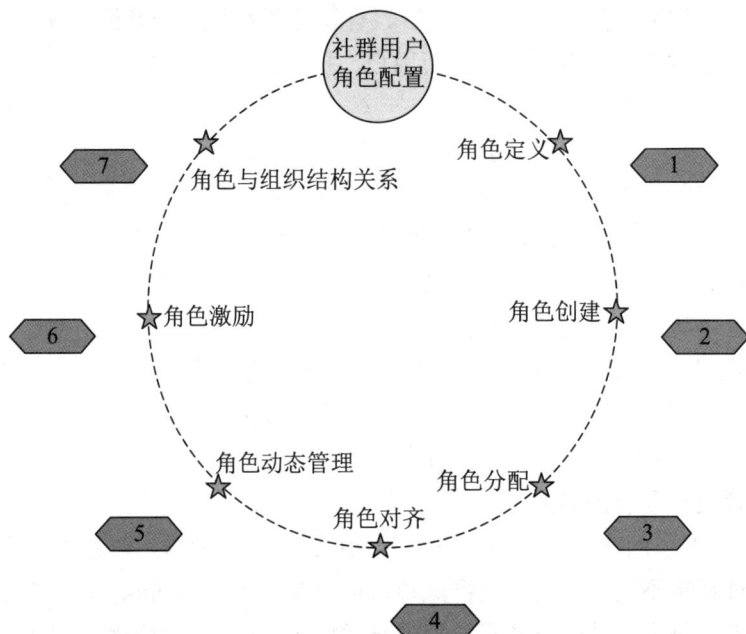

图3-2 社群用户角色配置流程

(1) 角色定义，即明确个体在特定情境中应展现的行为和特征，具体包括描述角色的职责、权限、预期目标及与其他角色的关联，确保角色与社群战略目标高度契合。

(2) 角色创建，即根据社群需求和目标调整角色架构，添加或删除角色职责，调整权限范围，优化角色互动方式。在创建新角色时，需要考虑社群的整体结构和流程，以确保新角色能够顺利地融入社群。

(3) 角色分配，即根据组织架构和职责，匹配角色与岗位。例如，管理员可以由社群创始人或核心成员担任，发言人可以邀请行业专家或资深成员担任。

(4) 角色对齐。在角色分配后，要确保角色与组织结构、业务流程协同。例如，管理员需要协调活动日程，组织线上线下活动；发言人需要根据活动主题邀请相关领域专家进行分享交流；普通成员需要积极参与讨论与知识分享。

(5) 角色动态管理。社群角色管理需要建立灵活的管理制度。例如，可以建立角色评估机制，定期评估角色的参与度、贡献值，对表现优秀的成员实施奖励或晋升；也可以根据社群发展需求增设新角色。

(6) 角色激励，即设计多元化奖励政策。例如，通过物质激励(发放奖品、优惠券、专属奖励)和精神激励(颁发荣誉证书、推荐信、社群称号)等方式引导角色积极参与社群活动；通过搭建人脉网络、提供行业资源和信息等方式来满足角色的不同需求，提高其参与度和忠诚度。

(7) 角色与组织结构关系，即探究角色与组织结构协同机制。例如，组织结构包括核心成员、管理员、发言人和普通成员等层次，每个层次的角色都有相应的职责和权利。在角色与组织结构的关系中，需要注意权责分明、沟通高效、协调一致，以确保社群活动顺利推进和社群长远发展。

案例分析

古玩社群角色拆解

某古玩社群的主题是古玩交易和拍卖，成员都是古玩领域从业者及爱好者。这个社群主要有6个角色，分别是群主、群管理、群内KOL(关键意见领袖)、核心参与者、积极参与者、参拍者。

(1) 群主，主要负责社群日常秩序维护和话题发起，并配合拍卖的进行。

(2) 群管理，负责制作拍卖产品图文与主持拍卖。具体来说，群管理会在正式拍卖前3~4天把拍卖产品的图文制作出来，通过朋友圈和社群发布进行预热，并引导用户转发。在拍卖正式开始后，群管理会在群内主持拍卖，比如介绍拍卖产品的细节，调动用户参与等。

(3) 群内KOL，行业内有声望的人。他们会帮助用户解答一些专业问题，有时还会分享行业知识。

(4) 核心参与者，提供优质拍卖产品资源。在拍卖前后，他们都会和拍卖的组织者积极配合，调动社群氛围，根据用户的反馈进行互动，有时还会补拍拍卖产品的细节图和视频。

(5) 积极参与者，跟群主关系比较好，积极配合群主维护用户关系。拍卖期间，他们会积极在群里营造氛围，如配合红包雨互动。

(6) 参拍者，通过正规的拍卖平台(见图3-3)参与群里拍品竞价。

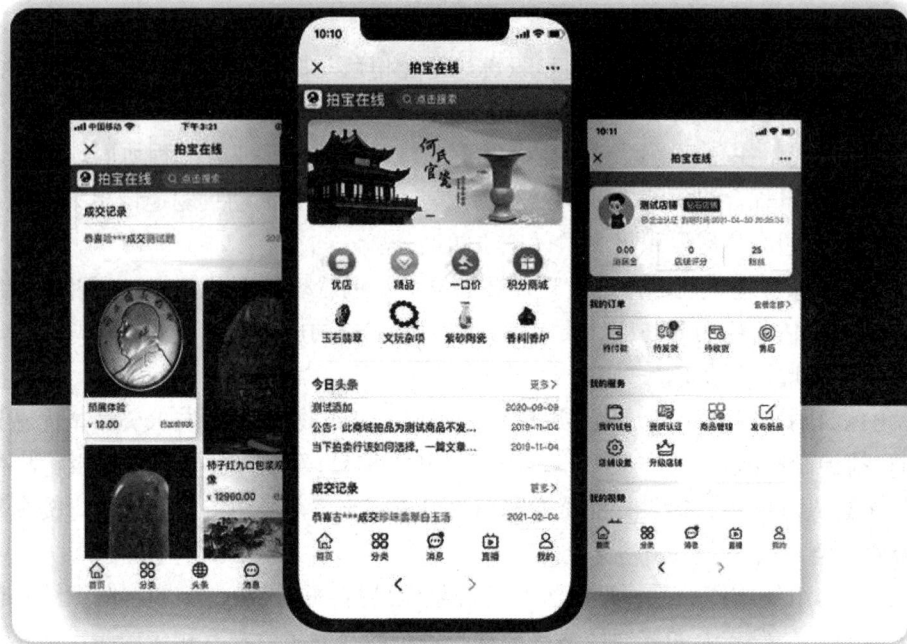

图3-3　社群拍卖平台页面

思考：

哪种成员角色是这个社群里必不可少的？

任务3.2　增长新用户

📑 任务引导

　　王平作为"好物种草群"的管理员，负责社群日常运营。随着社群活动逐渐开展，张组长让其制定扩大社群影响力和规模的方案，以增加社群使用人数，进而提高社群后期增值能力。王平需要思考这几个问题：社区新用户增长的本质是什么？社群新用户增长的实验流程如何设计？如何推动社群新用户有效增长？

◎ 核心知识

1. 社群新用户增长的本质

　　社群新用户通常是指刚加入社群、还未熟悉社群规则和运营模式、需要引导和激活的用户。这些用户通常对社群的目标和价值不了解，可能还没有明确的需求或目标，需要社群提供更多的信息和互动来增加他们的信任感和归属感。

注入社群
新鲜血液

　　获取社群新用户的渠道多种多样，例如社群内部推荐、社交媒体宣传、口碑传播、优惠活动吸引、活动邀请等。这些新用户可能来自不同的领域，具有不同的兴趣和需求，需要通过针对性运营来满足他们的需求，提高其参与度和忠诚度。

　　对于社群运营者来说，新用户的留存和转化是社群长期发展的核心。因此，社群运营者需要通过各种方式来吸引新用户，并实施相应的策略来激活新用户，提高他们的活跃度，最终实现社群的长期发展。

2. 社群新用户增长的实验流程

　　洞察用户是社群新用户增长的基础，而数据挖掘与分析是实现精准用户洞察的关键技术手段。社群新用户增长的过程也是数据挖掘和分析的过程。社群新用户增长实验流程如下所述。

　　(1) 确定实验目标。在确定实验目标时，我们需要明确实验的目的和意义，并将其与业务目标建立关联，聚焦关键数据指标(即北极星指标)，如新用户的注册率、活跃度和留存率，进而增加社群用户总数和用户活跃度。

　　(2) 定义实验变量。在定义实验变量时，我们需要梳理影响实验的关键因素，并设计对照组和实验组，以验证实验效果。例如，改变社群邀请链接的有效期、邀请码的发放方式等。在此过程中，确保所有参与实验的用户都是随机分配到对照组和实验组的，以避免实验结果出现偏差。

　　(3) 设计实验流程。在设计实验流程时，我们需要制定详细的实验流程，包括招募用户、数据收集、实验执行等环节。在招募用户方面，我们可以通过线上线下渠道宣传社群优势，吸引潜在用户；在数据收集方面，我们需要收集用户基本信息、使用行为等数据；在实验执行方面，我们需要采用随机分组和设置对照组等方法，确保实验的严谨性和准确性。

　　(4) 制订数据收集计划。根据实验设计，我们需要制订详细的数据收集计划，包括调查问卷、访谈等。在制订数据收集计划时，我们需要充分考虑数据收集的效率和质量，以确保收集到的数据全面准确地反映实验效果。

(5) 实施实验。按照实验设计和数据收集计划，我们需要确保所有参与实验的用户都严格遵守实验规则，确保实验数据的准确性和可靠性。

(6) 数据分析和解读。在收集到实验数据后，我们需要对数据进行分析和解读。通过运用数据分析模型和工具，得出实验组和对照组之间的差异，并针对这些差异进行深入分析。根据数据分析结果，我们可以得出实验是否成功的结论，并为后续优化提供依据。

(7) 优化和改进。根据实验结果，我们需要对社群运营策略等进行优化，以提高社群新用户增长效果。如果实验结果表明延长社群邀请链接的有效期能够提高新用户注册率，那么我们可以考虑将邀请链接的有效期从7天调整至14天。同时，我们也需要考虑实验结果的可推广性，避免优化后的运营策略仅适用于特定场景。

(8) 总结经验。在完成社群新用户增长实验后，我们需要总结成功经验，形成标准化文档或案例库，为未来的社群运营提供参考。同时，我们也需要反思实验过程中存在的问题和不足，以便在未来的实验设计中加以改进。

⚙ 知识拓展

北极星指标认知

在数据增长产品设计中，北极星指标(north star metric)，也叫第一关键指标(one metric that matters)，是在产品当前阶段与业务/战略直接相关的核心数据指标。它帮助团队评估产品的成熟度及用户规模，验证产品是否达到市场匹配阶段，在团队内统一当前产品迭代的核心目标认知。现在各类平台都有自己的北极星指标，如表3-1所示。

表3-1　各平台的北极星指标

平台	商业模式	核心价值	北极星指标
拼多多	电商平台	为用户提供高性价比的商品和有趣的互动购物体验	GMV(网站成交额)
知乎	问答社区	让每个人高效获得可信赖的解答	问题回答数
自如	租房平台	为客户提供高品质租房服务与生活解决方案	订单数
陌陌	陌生人社交	帮助用户认识周围任意范围内的陌生人	用户数
抖音	社交短视频平台	提供优质短视频内容	用户停留时长

北极星指标不受限于单一功能或角色，而是全局战略方向，其设计原则包括以下几个。

一是盈利指标。企业都追求盈利、收入，因此在北极星指标中应体现可以有效促进产品收入规模提升的盈利指标。

二是规模指标。这里的规模不特定指某个指标，但通常包括活跃用户、经营业务规模。规模指标是衡量产品能否构建良性盈利环境的关键依据。

因此，北极星指标应采取平衡策略，在保证核心产品价值稳定的前提下提升业绩。例如，视频内容行业应在保证用户在线时长稳定的同时，提升收入。

　　通过图3-4中北极星指标应用流程，我们可以制定北极星指标，为社群新用户增长实验提供有力支持。

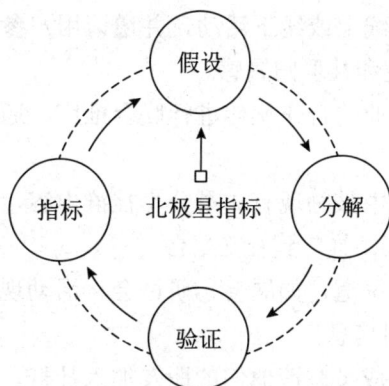

图3-4　北极星指标的应用流程

3. 社群新用户有效增长的策略

增加社群新用户可以通过渠道增长策略、内容增长策略和社交增长策略实现。

1) 渠道增长策略

(1) 社交媒体宣传。利用微信、微博、QQ群、LinkedIn等平台，发布优质内容、推广活动和独家优惠，吸引用户加入社群。

(2) 口碑传播。通过现有社群成员推荐，邀请其朋友、家人、同事等加入社群。口碑传播具有高可信度，能有效提升用户转化率。

(3) SEO优化。通过搜索引擎优化提升社群相关内容在搜索结果中的排名，增加曝光率和用户加入机会。

(4) 媒体合作。与媒体合作发布社群相关的新闻稿、文章或专访，提升社群的知名度和影响力。

(5) 发掘活跃用户。识别爱分享、爱参与、积极主动的用户，培养种子用户。通过调动种子用户资源，带动更多新人入群。

(6) 推动用户分享。找到活跃用户后，鼓励他们在朋友圈晒单、图文分享，并进行奖励，通过提供优先体验新品的福利来吸引种子用户的参与，同时也能给其他潜水用户带来很好的刺激作用。

2) 内容增长策略

不同类型的内容在吸引新用户时具有不同的作用。

(1) 视频。视频能够直观地展示产品或服务的特点，适用于功能演示、教程和评测等场景。

(2) 文章。文章可以深入剖析某个主题，适用于科普、攻略和行业动态等场景。

(3) 问答。问答能够解决用户疑惑，适用于解决用户常见问题、热点问题和用户疑虑等场景。

3) 社交增长策略

(1) 营造良好的社群氛围。一是积极响应用户在群里的互动聊天，缺乏话题时，可以询问用户对产品和服务的建议，让用户感到被重视，提升好感度；二是考虑接入社群机器人来维护社群，提升运营效率。

(2) 活动邀请。一是举办线上或线下活动，并邀请用户参加；二是通过活动的吸引力和互动性，增加用户的参与度和社群归属感。

(3) 合作推广。与相关行业的合作伙伴进行联合推广，通过互相宣传和推荐，扩大社群的知名度和影响力。

(4) 引导式分享。在社群中鼓励现有成员分享社群内容，并提供相应的奖励机制，激励他们将社群介绍给身边的人，推广到社交平台。

(5) 线下推广。利用线下渠道，如展会、研讨会、活动现场等，进行宣传和推广，吸引用户扫描二维码或填写注册信息。

(6) 激励机制。鼓励社群成员邀请他们的朋友加入社群，并实行相应的奖励机制，提升推广效果。

通过以上策略可以有效地增加社群新用户，为社群的长期发展奠定基础。

4. 社群新用户的有效管理

引导新人
融入群体

要让社群新用户更加活跃，可以使用以下管理方法。

(1) 设立清晰的用户入门指南。制定清晰的社群规则、活动流程和用户指南，以便新用户能够快速了解社群的目标、运作方式和参与方式。

(2) 组织欢迎活动。定期组织欢迎活动或新人专享活动，为新用户提供特别优惠或礼包，使其感受到社群的关注和热情。

(3) 实施个性化邀请。根据新用户的兴趣和需求进行个性化邀请，让其感受到社群的重视。

(4) 提供价值。向新用户展示社群的价值，例如提供实用信息、解答问题、分享经验等，使其感知加入社群的意义。

(5) 建立互助机制。鼓励老用户与新用户互动，通过互助机制帮助新用户融入社群。

(6) 定期组织活动。组织线上或线下的活动，引导新用户参与并建立联系，增强归属感。

(7) 及时监测反馈。时刻关注新用户的反馈和建议，不断优化社群运营策略。

(8) 给予适度自由。让新用户在社群中有一定的自由度，例如新用户可以自由发起话题、发表观点等，增强其对社群的信任和归属感。

(9) 实施社交认证。建立一套社交认证体系，鼓励新用户提供真实信息、分享优质内容，以提升其在社群的等级或特权，提高他们的活跃度。

(10) 制定激励机制。设置积分、勋章等奖励制度，激励新用户积极参与社群活动，提高其忠诚度。

通过上述方法(这些方法将在本书项目4和项目5中具体讲解)，可有效促进新用户的活跃度，帮助其融入社群，并营造良好的社群氛围。掌握这些方法能够帮助运营者快速扩大社群。

案例分析

艾阅读——读书群

艾阅读读书群是一个公益图书社群。以下是其群主自述。

各位家长朋友：

大家好！

每月一次的领书时间到啦！我是图书活动志愿者孙红，同时也是千千万万领书家长的一员。目前，我家大部分图书都来自公益渠道。我是一名在汽车行业打拼多年的"打工人"，也是一位母亲。2020年10月，我从普通家长转型为志愿者。在参与活动过程中很多家长从怀疑到信任、从观望到热情，这让我感到骄傲，也让我看到自己的价值。同时我的孩子亦受益于此——他从2岁便开始亲子阅读。

我觉得"阅读是一个人自我教育的开端"。作为母亲，我希望阅读成为孩子终身的习惯——阅读可开阔视野、滋养心灵，拉近孩子与世界的距离，使孩子变得更加强大。最后，我想借助《这世界与我》这本书里的一段话与大家共勉："我希望你读很多的书，走很远的路。我希望你爱很多的人，也被很多人爱。我希望你走过人山人海，也遍览山河湖海。我希望你读纸质书，送手写的祝福。我要你独立坚强、温暖明亮，我要你在这寡淡的世上，深情地活。"这段话送给所有看到此视频的家长和孩子们。我们要记得，不管什么时候开始读书都不晚。你所读过的书，正如你所走过的路，每一步都算数。那些都是属于我们自己的财富。在你的气质里，藏着你走过的路、读过的书。让我们一起默默耕耘，静待花开。传播知识力量，感谢与您一同前行！

思考：

1. 艾阅读读书群的新用户增长途径有哪些？
2. 艾阅读读书群是如何进行有效管理新用户的？

任务3.3 逐步培养用户黏性

📑 任务引导

经过一段时间的社群实践，王平深刻认识到社群用户角色配置的重要性，也掌握了社群新用户增长的策略和管理技巧。然而，新的问题接踵而来：如何通过管理策略和方法，培养用户黏性，让用户对社群产生依赖感，提升用户活跃度，降低用户流失率，从而为社群带来更丰厚的回报呢？

◎ 核心知识

1. 社群用户情感阶段认知

用户对社群的情感主要划分为5个阶段：认识阶段、了解阶段、认可阶段、信任阶段、依赖阶段，如图3-5所示。

培养用户
使用黏性

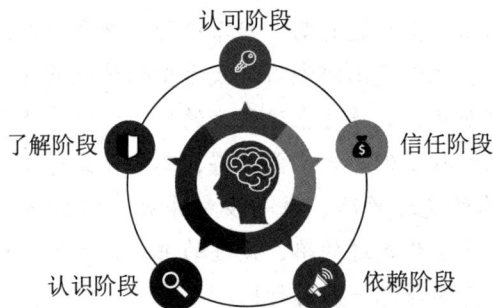

图3-5 社群用户情感阶段划分

在认识阶段，用户对社群的情感最弱，仅仅是略知社群存在，如同路过商店而不入，或者随时可能离开的状态。此时，运营者需要向用户传递社群的优势及价值。

了解阶段是指用户看完社群公告、对社群有了初步了解，但尚未在社群中发言或参加社群活动的阶段。在这个阶段，社群运营者应关注用户的需求，并及时反馈，让用户慢慢增加使用社群的时间。

进入认可阶段，用户开始使用社群各项功能，并认同社群的价值观和对个人的帮助，愿意继续使用社群。而社群运营者此时应观察用户的动向，通过调研用户的深层次需求和满意度来调整运营策略。

在信任阶段，用户已经完全认可社群的价值，愿意积极参加活动、为社群做一些贡献，如从旁观者转变为内容生产者、气氛活跃者、社群传播者、产品购买者。在这个阶段，社群运营者应重视用户反馈的信息或建议。

小案例

如何打造社群忠实用户

张老师运营着一个绘画社群，她将绘画社群定位为美术爱好者交流与学习的平台，并设定了提升成员绘画技能和激发创作灵感的目标。为提供高质量学习资源，张老师在社群内定期发布专业教程和艺术作品分享，同时邀请相关老师进行在线讲座。社群还鼓励成员上传自己的作品，定期举办线上绘画比赛和主题创作挑战，激发成员的创作热情。此外，社群管理员积极维护秩序，保障社群环境的和谐与友好。张老师还倡导积极互助的价值观，开展线下交流会加深成员之间的联系。在绘画社群找到归属感和成就感的用户越来越多，绘画社群稳步发展。

在依赖阶段，用户对社群产生强烈依赖。这时，社群对用户而言不仅提供知识、产品价值，还有情感价值，他们愿意积极地推广社群。社群运营者可以挑选此类用户，邀请其加入社群运营管理。

2. 社群用户黏性培养路径

了解了用户对社群情感的发展阶段后，社群运营者应从以下几个方面逐步提升用户对社群的情感依赖。

(1) 保持威信力，确保赏罚分明，公平公正，给予用户适度的威严及信赖感。例如，商业群约定晚上11点后不再讨论，如有违反，管理员应立即采取措施，维护社群秩序。

(2) 真诚互动。不管是商务活动还是人际交往，人与人的情感只有真诚才能长久。社群中如果出现了事故或者意外，社群运营者一定要真诚道歉，把事实说清楚，不要遮遮掩掩，这样才能赢得成员的信任。

(3) 营造氛围。社群要营造一种大家积极分享、互相尊重、互相帮助的氛围。比如，当成员提出疑问时，有人积极解答；当成员情绪低落时，有人给予安慰。营造良好的气氛，能帮助新成员迅速融入集体。所以，社群运营者要给予成员一定的闲聊空间，避免将社群变成纯工作群。

(4) 保持活动的频率和新鲜度。如果社群的输出内容一成不变，很容易让用户感觉无聊，从而渐渐远离社群。社群运营者可以通过举办各类活动，如娱乐活动、福利发放、线下聚会、话题讨论等，提高用户活跃度。

(5) 赋予成员角色，鼓励用户参与社群事务。

(6) 创造仪式感。比如为新用户举行入群仪式，定期举办颁奖礼，奖励贡献突出的成员，甚至设置有趣或独特的奖项，激发用户探索欲，还可以通过打卡、早读等简单行为培养用户习惯。

除了情感维系，社群运营者还可以采用积分获得的方式，激励成员完成任务，以提升成员的忠诚度。

案例分析

老乡鸡社群新用户黏性培养

随着餐饮行业竞争日益激烈，扫码加入商家社群享受会员优惠已成为许多消费者的共同体验。以老乡鸡(上海信业店)为例，该店开业初期便推出新用户专享活动，包括入群会员免费试吃指定菜品、新客专属折扣等营销策略。近期，老乡鸡更是在各大主流媒体发布了10月8日中午免费宴请全国消费者的活动。与此同时，各大门店社群纷纷推出了"10月8日中午来老乡鸡，免费吃饭"的活动(见图3-6)。

图3-6　老乡鸡社群活动海报

思考：

该活动对老乡鸡(上海信业店)新用户会有怎样的影响？试从新用户黏性角度来分析。

任务3.4 劝退不良社群用户

📖 任务引导

在王平对"好物种草群"进行调研后，发现群里存在少数长期潜水者和极少数不合群用户，这在一定程度上影响了社群的运行效率和效果。基于此，王平发出疑问：该如何处理不良社群用户？

◎ 核心知识

1. 不合适的社群用户类型

不合适的社群用户是指不宜留在社群中的个体。不合适的社群用户一般根据社群的规则、宗旨、话题范围以及用户的参与度和行为来判断。不良社群用户的类型(见图3-7)包括但不限于以下几种。

(1) 违反社群规则的用户。如果用户违反了社群规则，如发布不当内容、散布垃圾广告、恶意攻击其他用户等行为，那么该用户可能不适合继续留在社群中。社群管理员应该迅速识别此类用户，并做出处理。对于屡次违规且不接受改正的社群用户，可以考虑将其从社群中移除。

图3-7 不良社群用户类型

(2) 潜水用户。有些用户加入社群后并不积极参与讨论或发表观点，只是潜水。虽然这些用户没有违反社群规则，但是他们未能为社群带来价值。如果一个社群中有大量的潜水用户，可以考虑将长期潜水用户清理，以维持社群的活跃度和质量。

(3) 广告机器人。有些用户利用社群平台发布广告或进行推销，这些广告机器人通常会发布大量无意义的广告信息。如果管理员发现某个用户经常发布广告或推销内容，可以考虑将其从社群中移除，以维护社群秩序和氛围。

(4) 不符合社群主题的用户。如果一个社群有特定的主题和话题讨论范围，管理员应该将不符合社群主题的用户清理。例如，管理员要及时清理技术交流社群中某娱乐明星的粉丝。

2. 不良社群用户的劝退流程

在识别不良社群用户时，管理员应该在发现后及时采取措施，以维护社群的秩序、氛围和质量。

运营社群时，我们遇到与社群价值观不符、捣乱或影响其他成员体验的用户，需要及时进行劝退。劝退不良社群成员并非简单将其移出群。一方面，判定不良社群成员需要花费时间成本；另一方面，被移出的群成员可能会反击社群，制造谣言，私信骚扰其他成员，处理这些需要花费公关成本。此外，如果劝退的成员本来在群中十分活跃或是价值提供者，劝退后会影响群内活跃度。因此，劝退不良社群用户，一定要深思熟虑，提前找到

劝退不良
社群用户

充足理由，并以合适方式进行处理，同时做好善后工作，安抚其他成员的情绪，补充活跃度。劝退不良社群用户有以下步骤(见图3-8)。

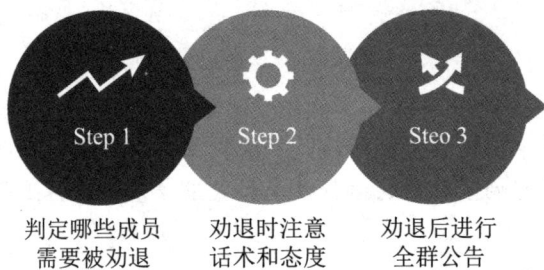

图3-8 劝退不良社群用户流程

(1) 判定需要劝退哪些成员。判定成员是否被劝退主要考虑两点：其一，成员是否认可社群价值观；其二，是否会阻碍社群创造价值。不认同社群价值观的成员难以与社群产生情感联系，贡献利润，且可能发表违背社群价值的言论，影响其他成员。此类成员不必强留，好聚好散。有的成员还会阻碍社群创造价值，他们只索取不付出，不愿接受互动，或者在他人分享时给予负面评价，影响社群氛围，或者时常在社群发布广告、讨论违禁话题、私信不良信息等，应将其列为不良用户，直接劝退。此外，针对长期潜水、不参与活动或活跃度极低的成员，分两种情况处理：如果群空间紧张，潜在新成员众多，劝退收益大于成本，可以将其劝退；如果社群成员较少，其离开后没有足够的新人加入，可以采取怀柔政策，积极和他们沟通，了解情况，潜移默化地将他们转化为合格成员。

(2) 确定需要劝退的成员后，社群运营者需要采用合适的话术说服对方接受这个决定。未经沟通直接将成员踢出社群是禁忌。

一是充分列出劝退理由。比如列出成员违反的群规则、违背群价值的举动，确保公平处置，避免双重标准。

二是劝退态度要友好。社群运营者在劝退沟通时，不能理直气壮或者趾高气扬，要保持友好态度，并说明情况。

三是再给一次机会。有些群成员认识到自己的错误，希望留在群中，运营者就要把这次劝退处理转为"警告沟通"，明确告诉对方，如果想要留下来需要采取的行为，如积极参加活动、公开道歉等，并强调没有下次机会。

(3) 劝退完成后，社群运营者需要进行全群公告，在群中解释清楚整件事的经过，包括移除成员、违规行为、沟通过程，并重申群规和社群价值观，以有效解答群友的疑惑、消除不满和恐慌情绪，树立注重规则、维护大多数社群成员利益的形象。

课后练习

一、单选题

1. 以下选项中，属于社群应有角色的是哪个？(　　　)

A. 小白　　　　　　B. 专家　　　　　　C. 群主　　　　　　D. 积极分子

2. 社群中最常见的、数量占比较高的角色是哪个？（　　　）

A. 管理者　　　　　　　B. 普通人　　　　　　　C. 连接者　　　　　　　D. 意见领袖

3. 劝退完成后，社群管理者要做什么？（　　　）

A. 什么也不干　　　　　　　　　　　　B. 重申群规则

C. 在群中解释清楚整件事情　　　　　　D. 向群主解释劝退理由

二、多选题

1. 社群用户角色有哪些？（　　　）

A. 群主　　　　　　　B. 管理员　　　　　　C. 气氛活跃者　　　　　D. 旁观者

2. 社群新用户增长策略有哪些？（　　　）

A. 渠道增长策略　　　B. 内容增长策略　　　C. 爆款增长策略　　　D. 社交增长策略

3. 用户对于社群的情感主要划分为哪几个阶段？（　　　）

A. 认识阶段　　　　　B. 了解阶段　　　　　C. 认可阶段　　　　　D. 信任阶段

E. 依赖阶段

4. 培养用户黏性的方法有哪些？（　　　）

A. 保持威信、真诚　　　　　　　　　　B. 营造氛围

C. 保持活动频率　　　　　　　　　　　D. 赋予成员角色

E. 创造仪式感

5. 劝退话术包括哪些？（　　　）

A. 充分列出劝退理由　　　　　　　　　B. 劝退态度要友好

C. 再给一次机会　　　　　　　　　　　D. 直接移出社群

扫码自测

二、简答题

1. 简述配置社群角色的意义。

2. 如何提升用户的情感依赖？

3. 简述劝退不良社群用户的步骤。

三、思考题

1. 按照顺序回答"任务引导"中王平的疑问。

2. 用自己的思维构思社区新用户增长实验流程，并说明流程中的关键因素。

四、实操题

请3~5位同学组成一个团队，持续管理组织的社群，并完成表3-2和表3-3。

表3-2　社群角色分析表

社群名称			
群主		群管理	
群主身份		群管理分工	
社群所在平台		平台特点	
社群的规格(进入时人数)			
社群日常活跃人数 (一周内发言活动人数)			
社群的角色类型A及群内发言、行为			
社群的角色类型B及群内发言、行为			
社群的角色类型C及群内发言、行为			
社群的角色类型D及群内发言、行为			
群管理的处理行为			
感悟内容			

表3-3 任务训练评分表

任务环节	工作内容	参与成员	自评分	小组评分

项目4 打造活跃社群

项目目标

知识目标：

1. 了解活跃社群的定义和标准。

2. 活跃社群的方法和途径。

3. 了解社群内争吵的解决办法。

技能目标：

1. 能够根据社群类型判断社群活跃性。

2. 根据企业需求掌握打造社群活跃性的策略和途径。

3. 能够正确处理群内争吵危机，提高社群美誉度。

4. 理解打造活跃社群的经济价值和意义。

素养目标：

1. 了解团队是个人价值的源泉，培养团队合作精神，提升团队协作能力。

2. 了解打造活跃社群的社会价值。

3. 培养好奇心与团队组织能力。

🔷 思维导图

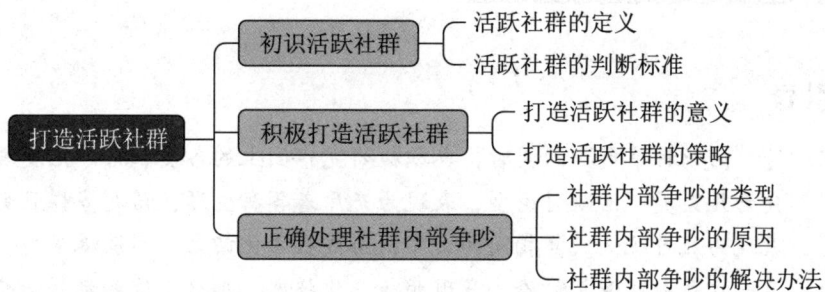

● 学到的知识

_____

_____

_____

● 掌握的技能

_____

_____

_____

● 提升的素养

_____

_____

_____

任务4.1 初识活跃社群

📖 任务引导

王平在运营"好物种草群"的同时，也积极研究市面上的各类社群。他发现社群的日常情况可以划分为几大类：活跃讨论型，表现为充斥着各种主题，话题多样且更新频繁；机械互动型，表现为成员统一回复相同的文字，形成程式化回复；间歇爆发型，表现为长期沉寂但会因某一主题引发密集讨论，呈现两极分化状态。那么，这些都算活跃社群吗？大部分普通用户愿意留在什么样的社群里呢？

◎ 核心知识

1. 活跃社群的定义

活跃社群是指具有共同目标或兴趣的用户群体，通过持续互动与价值传递形成高参与度的网络社交生态圈，比如人脉链接群、学习群、产品型社群等。社群成员之间拥有共同目标、兴趣、认知和价值观，并且通过频繁的互动、交流、协作和感染，对产品品牌本身产生反哺的价值关系。

社群的活跃度是衡量社群运营成功与否的关键指标。为了保持社群的活跃度，社群运营者需要制定有针对性的社群活动，营造仪式感，引导话题走向，建立信任和权威感；同时还需要考虑目标受众，制定符合其需求的社群活动方案，并建立科学的活跃度评估标准。

总之，社群运营者通过各种手段激发社群成员的积极性和创造力，保持社群生机和活力，从而更好地实现社群价值。

小案例

活跃社群不等于闲聊群

若社群过于活跃，仅停留在闲聊层面，社群极易演变为灌水群，进而逐渐丧失价值，最终沦为死群。因此，在保持社群适度的活跃度的同时，要确保交流内容的质量，让群友能持续获得价值感。

---

2. 活跃社群的判断标准

真正活跃的社群能够留住用户，且用户会积极参与群内任何活动。这一点可以通过一些数据评判出来，如直播的出勤率、打卡的参与率等。

那么，一个活跃的社群究竟是什么样子，或者说通过哪些特征是能够判断这个群是活跃的呢？活跃社群的判断标准有3个，分别是有用、有趣和有料(见图4-1)。

图4-1 社群活跃的判断标准

1) 有用

什么叫做有用？有用就是分享和讨论的内容能够帮助群成员解决问题或提升能力。当然，不同类型的社群对"有用"的定义是不一样的。这里给出两个分类。

第一类叫做干货分享，核心词是干货。干货指代经过提炼、实用性强的可信内容，其核心在于传递可直接应用的知识或经验。例如电商运营技巧、技术方法论等内容均属典型干货。

准备社群
分享资料包

第二类叫做价值讨论，就是社群成员间就某个问题进行相互交流和探讨，其核心在于通过理性碰撞实现认知升级与价值共创，而非简单的信息传递。在讨论过程中，多元观点的碰撞能有效增强社群黏性。

小案例

有用干货分享

案例1：孩子沉迷游戏已成为当代家长普遍面临的一个典型教育痛点。在一个拥有200名家长成员的社群里，通过音频的形式分享如何有效减少孩子玩游戏时间的策略，能够切实帮助他们解决这一难题，这就是干货分享。

案例2：教育社群中的干货分享主要呈现两种形态：其一是系统化的习题资源库，用于支持学生日常训练以提升成绩；其二是面向家长的指导体系，涵盖解题辅导策略与亲子沟通技巧等实践方法论。

---

2) 有趣

对一个社群来说，要有一定的趣味性。一般通过福利活动调动用户情感(如惊喜感、荣誉感等)，增加趣味性。除了常规福利活动外，引入游戏机制也能增加趣味性——即运用游戏化的思维去维护社群，提高用户的活跃度。

小案例

"双11"福利活动

某社群针对即将到来的"双11"开展福利活动，不定期在群里发布福利活动的时间和形式，比如周一到周三撒红包雨、周四抢优惠券、周五抽奖，通过这些活动让用户产生持续的惊喜感。

---

3) 有料

有料指的是在信息不对称的环境下，用户可以在社群里获取最需要的信息，比如稀缺信息和一手资料。

小案例

小升初阶段的家长社群

小升初阶段的家长社群就是典型的"有料"社群。在这一阶段，家长最需要的是什么？无疑是升学信息、点招信息，以及哪些名校有内推名额、哪些名校提供考试机会等关键资讯。一旦获取此类信息，家长会立即核实并迅速为孩子报名，因此这类社群活跃度极高。

在小升初家长社群里，很多已经"上岸"的家长会分享他们如何给孩子准备和规划小升初的过程。这些经验对于那些还未"上岸"的家长来说是非常宝贵的。

总之，做到有用、有趣、有料，活跃的社群就会建立起来，并且持续发展。当然，这3点并不需要都具备，具备其中一点就会让社群拥有价值。

案例分析

活跃社群认知——跑步爱好者社群

跑步爱好者社群是一个以跑步爱好者为主要成员的社交平台，旨在为成员提供一个交流跑步经验、分享跑步知识和互相鼓励的场所，从而促进跑步运动的发展和社群成员的积极互动。

1. 线上活动

(1) 跑步分享：每周定期举办一次线上跑步分享会，邀请成员分享个人的跑步经历、心得体会和技巧，以及推荐跑步路线、跑步音乐等。

(2) 跑步直播：邀请专业跑步教练或运动员进行线上直播，向成员介绍正确的跑步姿势、呼吸方法等专业知识和技巧。

(3) 跑步挑战：设定一些跑步挑战任务，如"一个月跑够100公里"等，激励成员积极参与并互相鼓励。

2. 线下活动

(1) 跑步活动：定期组织线下的跑步活动，如"城市马拉松""夜跑"等，让成员在轻松愉快的氛围中共同跑步、交流心得。

(2) 跑步讲座：邀请专业的跑步教练或运动员进行线下讲座，分享跑步的专业知识和经验，以及如何预防跑步伤害等实用技巧。

(3) 公益活动：组织一些公益性质的跑步活动，如为慈善机构募捐等，培养成员的公益意识和团队协作精神。

该跑步爱好者社群成功打造了一个活跃、健康的社交平台，发布了专属的跑步社群宣言(见图4-2)。成员们可以在这里分享跑步经历、学习专业知识，互相鼓励，共同进步。同时，管理员团队的辛勤付出也为社群的健康发展提供了坚实保障。

图4-2 跑步社群宣言

思考：
社群管理者在社群中应该做哪些事情？

任务4.2　积极打造活跃社群

📑 任务引导

　　社群活跃度关系到社群的转化率、会员的沉淀效果，以及新用户对企业的初步印象，因此，打造活跃社群是企业的一项重要任务。王平在运营"好物种草群"过程中，尝试了很多活跃社群的活动，部分活动取得了成效。王平心想：是否能总结出一套提升社群活跃度的长期有效方案呢？

◎ 核心知识

1. 打造活跃社群的意义

活跃的社群对于企业、个人和社会都具有积极作用，能够带来多方面的收益。

1) 企业的商业价值

通过活跃社群的大数据分析，企业可以清楚地掌握用户的体验、评论、反馈和建议，从而深入理解用户需求，进而优化产品和服务，提升社群用户对社群的信任感和归属感，增强用户黏性，为社群带来更长远的发展。活跃社群作为一个优质的流量池，不仅有助于企业扩大品牌影响力，吸引更多潜在客户，还能通过知识付费的方式实现收益，为一些专业领域的知识提供增值的渠道。

2) 个人价值

对个人而言，活跃社群有助于拓展人脉圈，更新认知，获取更多知识。同时，参与社群的建设和管理也可以提升个人技能，如丰富营销知识、掌握玩法设置等。

3) 社会价值

社群对国家社会经济的发展具有重要意义。它可以整合网络、产品等资源，促进经济发展。

(1) 信息交流。社群可以为人们提供一个信息交流的平台。在社群中，成员可以分享见解、知识和经验，同时也可以获取和了解他人的想法和动态。这种信息交流可以促进知识的传播和共享，增强社群成员之间的互动和联系。

(2) 情感支持。社群可以为人们提供一个情感支持的渠道。在社群中，成员可以分享自己的感受和经历，获得他人的理解和支持。这种情感支持可以缓解个人的社会压力和孤独感，增强社群成员的凝聚力和归属感。

(3) 社交互动。社群可以为人们提供一个社交互动的平台。在社群中，成员可以通过多种形式的互动，如聊天、讨论、分享等，建立和维护人际关系。这种社交互动可以增强社群成员之间的友谊和信任，促进社会和谐发展。

(4) 文化传承。社群可以为人们提供一个文化传承的平台。在社群中，成员可以分享和传承本地的历史、文化、风俗等。这种文化传承可以增强社群成员之间的文化认同和归属感，促进文化多样性和繁荣。

(5) 经济价值。社群可以为人们提供经济价值。例如，一些社群可以成为企业与消费者之间的桥梁，帮助企业推广产品和服务，同时也可以为消费者提供更优惠的价格和更好的购物体验，还可以成为合作平台，促进资源共享和合作，提高经济效益。

总之，活跃的社群可以促进企业发展和进步，增强社会凝聚力和向心力，同时也为人们提供一个互帮互助、分享和交流的平台。

◈ 知识拓展

活跃社群的三个好处

1. 延长社群生命周期

当用户之间保持活跃互动时，社群内部将形成共同话题。即便最初仅有少数用户参与交流，只要社群持续活跃，就可以吸引更多用户参与话题讨论或行动。在这一互动过程中，用户之间及用户与运营者之间会逐渐建立起信任感，社群成员关系也日趋紧密。当成员关系发展至类朋友状态时，社群发布任务时便能获得自发性的成员支持。

2. 更容易满足用户需求

每一次需求的满足，都会提升用户对平台的信任度，用户对平台的依赖感也会随之增强。通过活跃的交流与互动，运营者为用户提供了一个寻找需求的平台。当用户对这个平台建立信任后，就能够通过沟通找到他的需求，并借助组织力量实现个人需求。

3. 提升用户产出的概率

在活跃的社群中，用户获取所需后会更加积极，其互动行为也能激发更多用户，自然达成购物、内容产出和交流等目标。

2. 打造活跃社群的策略

打造活跃社群的策略可以从以下6个方面入手(见图4-3)。

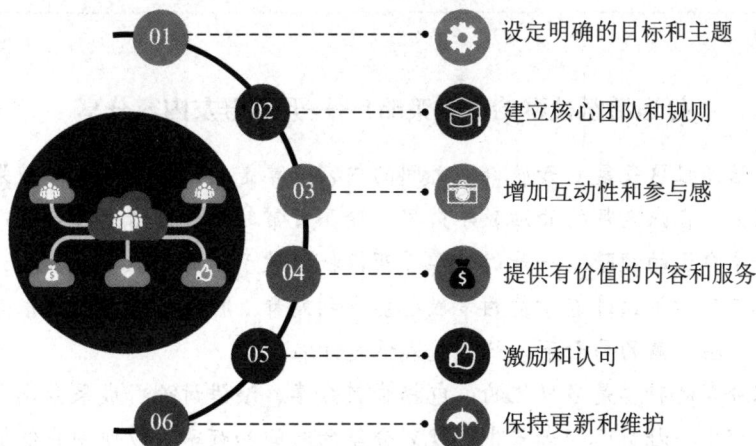

图4-3 打造活跃社群策略初步认知

01 ————— ⚙ 设定明确的目标和主题
02 ————— 🎓 建立核心团队和规则
03 ————— 📷 增加互动性和参与感
04 ————— 💰 提供有价值的内容和服务
05 ————— 👍 激励和认可
06 ————— ☂ 保持更新和维护

1) 设定明确的目标和主题

在建立社群前，需要明确社群的目标和主题，以吸引志同道合的人加入。同时，这也有助于确定社群的方向和内容。例如，吸引特定行业或兴趣爱好的人，确保社群的主题符合目标用户的需求和兴趣。

2) 建立核心团队和规则

核心成员是社群的灵魂，应该对社群的主题有浓厚的兴趣，并具备一定的领导力和影响力。建立一支包括管理员、群主、志愿者等的核心团队，来管理和维护社群，通过定期的核心成员会议了解他们的需求和想法，制定包括处理纠纷、管理广告、禁止发布不良信息等的规则，保证社群的健康环境和良好秩序。

3) 增加互动性和参与感

社群管理员应时常与社群成员互动，回答他们的问题，关注他们的动态，以提升成员的归属感，也有助于发现并解决问题。同时，定期举办有趣的活动是提高社群活跃度的有效方式，如线上分享、线下聚会等，这些活动都可以增加社群成员之间的互动和参与感。同时，鼓励成员分享经验和见解，促进交流和合作。

4) 提供有价值的内容和服务

定期发布有价值的内容，如行业资讯、干货分享、案例分析等，以吸引成员的关注和留存；同时，提供一些实用的服务，如答疑解惑、资源共享等，以满足成员的需求。

5) 激励和认可

通过奖励机制、积分制度等方式，激励成员积极参与社群活动，同时对表现优秀的成员给予认可和表扬，以增强他们的归属感和荣誉感。

6) 保持更新和维护

随着时间的推移，社群成员的需求和兴趣可能会发生变化。为了保持社群的活力，应定期更新社群内容和活动，以保持新鲜感和吸引力，满足成员的新需求；同时及时处理不良信息，清理不良成员，确保社群的健康和稳定。

以上是一些有效打造活跃社群的策略，但也要针对不同的社群类型和目标进行具体实施和调整。

开阔眼界

打造活跃社群的典型策略1——开展群友内容分享

为了活跃社区气氛，开展群友之间的内容分享是一个兼具成本和效果优势的选择。例如，在张老师的油画教学群里，除了日常教学外，张老师会邀一些优秀学员来分享自己的经验。一是优秀学员获得机会展示，得到认可和尊重，会好好表现；二是新学员通过老学员的带教也能得到鼓舞，收获知识；三是张老师从中吸取经验。在三赢的局面下，社群气氛迅速升温。

内容分享的种类是多样化的，包括资料分享、演讲讨论、成果分享等。在组织分享过程中，社群运营者首先要规划分享的时间和频率，以便用户能够安排时间参加；然后邀请群主、社群成员、圈外大咖进行分享，每次分享控制在1个小时左右；遇到特别有影响力的大V，还可以进行提前预热；分享过程中，鼓励社群成员积极参加讨论，通过集体讨论的形式增强社群成员的身份认同感；分享结束后，还需要进行复盘。开展群友内容分享的细节如下所述。

1. 寻找合适的分享人员

寻找合适的分享人员时，群主和管理员是首选。他们需要时常准备分享资料，每隔1~2个月进行分享。除了群主和管理员，还可以邀请群外嘉宾进行分享，如社群相关领域的大咖或同类社群的前辈。例如，第3期读书群可以邀请第1期的优秀学员进行经验分享。同主题社群不同地域的分群也可以互相分享，这依靠运营者的人脉资源。分享人员也可来自本群优秀成员。通过社群提供的展示平台，成员可获得社会认同，从而增强社群归属感。社群其他成员看到身边有这么多优秀的人，也会更加认可这个社群。

2. 策划好分享活动的各个环节

(1) 做好准备，提前收集分享内容，并进行审核，确保其分享的内容符合社群主题且有价值。

(2) 强调分享规则，确保分享者和被分享者都有良好的"现场"体验。必要时，在实际分享过程中，运营者可以采用禁言等措施。

(3) 做好"签到"，记录实际参与者。

(4) 介绍分享者的资历、专长。

(5) 引导互动，保持内容的讨论度，避免冷场。运营者也可以提前准备问题。

(6) 收尾总结，可安排问答和群友总结环节，确保分享有价值。

(7) 提供福利，对于内部分享成员及认真参与分享的人员要给予称号、实物奖励，鼓励成员效仿。

(8) 打造品牌，总结整理分享的过程，将结果纳入周报、日报或资料包，分发到各个宣传渠道，塑造社群文化和品牌，吸引更多的用户。

3. 做好群友分享内容的复盘工作

复盘是整个活动中不可或缺的环节，它适用于线下活动及各类项目。复盘工作包括记录分享过程、整理活动清单、提炼活动亮点、分析出错环节并找出应对方案。整理后的资料就是下次活动的检查清单。复盘工作是后期扩大、裂变社群重要的准备工作之一。

打造活跃社群的典型策略2——构建社群积分机制

作为一种有效的运营手段，积分机制旨在活跃社群、提升用户留存率、保持用户忠诚度并吸引新成员。通常，人们将积分机制与会员体系相结合，例如在海底捞的消费积分体系中，顾客消费达到一定额度即可获得相应积分，累积到一定程度后可晋升为红海、银海、金海、黑海会员，享受不同级别的服务，并将积分转化为实物奖励或抵扣金。社群积分机制与此类似，将积分作为未来回馈的承诺。对于较为成熟且具有一定规模的社群，积分机制的应用效果尤为显著。

那么，如何设计一套有效的积分机制呢？如下所述。

打造社群
积分机制

1. 设定积分数值及等级，做好成本核算

积分实质上是给予用户的补贴，最终以实物或虚拟物品形式呈现，需要明确的是积分与货币的换算比例，这个比例通常为10∶1或100∶1。首先，需要提前预估各阶段(如一个季度、一年)社群积分换算成货币后的平均成本。其次，设定不同积分等级对应的称号，如LV1、LV2或红海、银海、金海等，这也是用户画像中的重要标签，有助于划分关键用户。

2. 制定积分获取规则

用户一般通过完成特定任务获取积分。这些任务包括新手任务和日常任务。新手任务包括填写信息资料、自我介绍、熟悉社群功能、首次参与活动等；日常任务则包括推荐新成员、保持活跃、自主分享等。这些任务的目标旨在提升活跃度、提高留存率和增加内容产出。

3. 设置积分有效期

积分有效期通常为自然月、季度或年。这样设置可以通过过期提醒督促用户活跃及促进商业转化，同时可以有效控制成本，防止部分用户长期积累积分而未达预期活跃度时随意兑换物品。

4. 制定积分兑换规则

一般情况下，社群积分可以兑换线下活动入场券、周月卡、社群相关产品、抽奖机会、现金抵扣券、慈善项目参与资格等。积分兑换内容应与社群及产品业务相关，避免用户仅为薅羊毛而获取积分，要将积分转化为社群流量和商业转化的利器。例如，利用线下活动入场券能有效提升活动参与度，推出周月卡有助于促进成员使用延伸服务，现金抵扣券则能激发用户消费动力。需要注意的是，现金抵扣券营销虽然最具冲击力，但是需要严格的风险把控，设定抵现门槛及最高抵扣比例，如规定小于20元的商品不可使用积分抵扣，积分最多可抵扣服务费用的50%。

5. 设计积分玩法

通过群内等级标识(如专属头衔等)来区分不同等级用户，利用积分排行榜激发成员竞争意识；适时举办小活动、小游戏，帮助成员获取更多积分，给成员带来惊喜；生日、新入群等特殊时刻也可赠送积分，吸引用户。

在构建积分机制时，需要注意以下几点：积分是激励而非纯福利，用户基于活跃度反馈才能获取积分；积分获取应有上限，避免无限获取，设定任务积分上限及每日积分获取上限，以防薅羊毛现象。如果出现此类现象，应及时干预，及时调整积分制度。

善用社群
福利策略

打造活跃社群除了应用上述策略外，还要合理利用社交媒体平台，如微信、微博、抖音等，进行宣传推广和互动交流；更要不断改进和优化运营策略，以保持社群的活力和吸引力。总之，打造活跃的社群需要制定科学合理的运营策略，并持续优化和改进，以实现社群的最大价值。

小案例

初识不同活跃社群

案例1：美团外卖校园社群

美团外卖在校园内建立了多个外卖社群，每个社群都设有群主和管理员。社群内会发布各种外卖优惠和活动，同时也有一些外卖小哥在群内分享工作经历和推荐美食。美团外卖校园社群由于定位非常精准，吸引了大量的大学生加入，社群活跃度非常高。

案例2：知乎社群

知乎是一个知识分享平台，其社群是基于共同兴趣和主题的用户聚集地。知乎社群有严格的入群规则和审核机制，确保了社群成员的质量和社群氛围。在社群内，成员可以自由分享自己的经验和见解，同时也可以向其他成员学习。知乎社群的互动性和参与感非常高，吸引了很多高质量的用户。

案例3：微信读书社群

微信读书是一款阅读应用，其读书社群汇聚了有共同阅读兴趣的用户。在社群内，成员可以分享自己的读书笔记、阅读心得和书评等，也可以与其他的书友交流和讨论。微信读书社群因其氛围非常友好和积极，吸引了大量的读书爱好者，活跃度非常高。

这些社群的成功在于通过精准定位和鲜明主题吸引了大量高质量用户，并通过提供有价值的内容和优质服务有效增强了成员间的互动和参与感。同时，这些社群也建立了一套有效的管理和维护机制，以确保社群的健康和稳定。

任务4.3 正确处理社群内部争吵

📖 任务引导

王平在运营"好物种草群"时，发现群里存在少数长期潜水者和极少数不合群用户。这些情况会降低社群运行效率，影响整体运营效果。对此，王平发出了疑问：针对上述社群用户，该如何处理？

◎ 核心知识

1. 社群内部争吵的类型

社群内部争吵的类型可以包括4种类型(见图4-4)。

处理群内
争吵事件

图4-4 社群内部争吵的类型

(1) 价值观冲突。这类冲突通常源于成员对社群价值观的理解和认同差异。例如，对某些政治或社会问题存在不同看法，或者对某个成员的行为是否符合社群规范存在分歧。

(2) 利益冲突。这类冲突通常源于社群内部的资源分配不均或决策过程缺乏透明度引发的不公平感。例如，某个成员获得更多的话语权或者更多的社群资源时，其他成员可能会心生不满。

(3) 行为冲突。这类冲突往往源于社群成员之间沟通方式差异。例如，某些成员可能因其他成员的行为、言论和沟通方式而产生不满或矛盾。

(4) 管理冲突。此类冲突多因社群成员对管理规则的理解差异所致。例如，部分成员可能对规则的制定依据、执行标准或管理者的决策权威性存在异议。

2. 社群内部争吵的原因

社群内部争吵的成因复杂多样，主要包括以下常见因素。

(1) 意见不合。社群成员可能来自不同的背景，持有不同观点，对某些问题会产生不同的看法和意见，这些差异可能导致争吵。

(2) 利益冲突。在社群活动中，成员可能因争夺某些资源或权益而产生冲突，如活动经费分配、任务分工等。

(3) 情绪发泄。有些社群成员可能因为某些诱因而产生情绪波动，或者对其他成员存在不满，这些负面情绪可能会引发争吵。

(4) 误解和沟通障碍。社群成员因沟通方式和语境理解差异，易产生误解和沟通不畅，进而导致争吵。

(5) 社群管理问题。社群管理机制存在缺陷，如未能及时处理不当的言论或行为，或者存在偏颇性对待，都可能诱发争吵。

(6) 个人恩怨。社群成员之间可能存在矛盾，这些私人问题可能波及社群的整体和谐。

(7) 对立观点。当社群讨论涉及敏感性议题时，成员间相左的价值观容易触发观点对抗，这种认知冲突可能演变为争吵。

案例分析

小微企业社群不良用户处理——上海沪上小小文化有限公司

上海沪上小小文化有限公司成立于2023年6月28日，专注于为儿童青少年、家庭、学校提供以"科创""阅读""运动""劳动""非遗"为核心的产品和服务。其中，小小悦读会、小小悦跑团等各领域的活动项目皆促进了社区、儿童、学校、家庭之间的沟通协调，架起了社区与儿童之间的互动桥梁。

公司在公众号发布各种活动信息后，将根据活动参与人群，组建不同的活动微信群，并定期在该群发布相关活动信息。以2023年菊园新区儿童议事会微信群为例，该微信群成员总数为127人。然而，当前社群存在以下问题。

(1) 持续推送垃圾广告，包括但不限于低质商业推广、虚假兼职信息等，对群成员造成信息骚扰。

(2) 存在恶意争吵及人身攻击现象，破坏社群和谐交流氛围。

(3) 未经公司运营团队许可私自拉人进群，影响成员结构管理。

(4) 有长期潜水成员，降低社群整体活跃度。

思考：

社群运营者应该如何进行有效管理？

---

3. 社群内部争吵的解决办法

解决社群内部争吵可以采取以下措施。

(1) 制定明确的社群规则和准则。在社群建立之初，社群管理者应该制定明确的规则和准则，涵盖成员的行为规范、言论要求、互动方式等，确保每个成员明确社群的价值观和标准，减少因不遵守规则而引发的矛盾。

(2) 营造积极的社群氛围。社群管理者应该积极引导成员营造积极、友好的氛围，通过鼓励成员互动和交流，增进成员间的信任，从而减少争吵和冲突。

(3) 提供多元的沟通渠道和反馈机制。社群应该设立多种沟通渠道，如在线聊天室、论坛、邮件等，满足成员不同的沟通需求。同时，社群也应建立有效的反馈机制，让成员可以及时表达自己的意见和看法，避免因沟通不畅而产生矛盾。

(4) 培养领袖和志愿者。社群管理者应该培养社群内部领袖和志愿者，让他们在社群中发挥积极的作用。这些领袖和志愿者可以引导成员积极参与社群活动，为群成员提供帮助和支持，从而减少争吵和冲突。

(5) 对于违规行为及时处理。社群管理者应该及时处理违规行为，包括禁止发布不良信息、禁止恶意攻击他人等，维护社群的秩序和稳定，减少争吵和冲突。

(6) 提高成员的素质和认知水平。社群应该通过提供有价值的内容和服务，提高成员的素质和认知水平。这样可以减少由误解和偏见引发的矛盾，增进成员间相互理解和尊重。

课后练习

一、选择题

1. 活跃社群是指网络时代一群人因为(　　)而聚集在一起的群体。

A. 共同的地理位置　　　　　B. 共同的目标或者价值观

C. 相同的姓氏　　　　　　　D. 相似的外貌

2. 在打造活跃社群时，以下哪一项不是提高社群活跃度的有效方式？(　　)

A. 设定明确的目标和主题

B. 建立核心团队和规则

C. 偶尔举办无意义的闲聊

D. 提供有价值的内容和服务

3. 以下哪个案例中的社群是通过精准定位和鲜明主题吸引大量高质量用户加入的？(　　)

A. 张老师的油画教学群，成员多为初学者且水平参差不齐

B. 美团外卖校园社群，定位大学生群体，发布外卖优惠和活动

C. 一个无任何主题的闲聊群

D. 一个成员间经常争吵、氛围紧张的社群

4. 社群活跃度是衡量(　　)是否成功的关键指标之一。

A. 社群规模　　　　　　　　B. 社群成员数量

C. 社群运营　　　　　　　　D. 社群创建时间

5. 在处理群内争吵时，以下哪一项不是有效的策略？(　　)

A. 及时介入，了解争吵原因

B. 对争吵双方进行严厉批评，各打五十大板

C. 公正调解，维护社群和谐氛围

D. 事后进行复盘，总结经验教训

二、多选题

1. 活跃社群的标准包括哪些方面？（　　）

A. 有用　　　　　B. 有趣　　　　　C. 有料　　　　　D. 有钱

2. 打造活跃社群的策略有哪些？（　　）

A. 设定明确的目标和主题　　　　　B. 建立核心团队和规则

C. 举办各种无聊的活动　　　　　　D. 提供有价值的内容和服务

E. 激励和认可成员　　　　　　　　F. 保持更新和维护

3. 以下哪些因素可以延长社群生命周期？（　　）

A. 社群成员之间活跃的沟通交流　　B. 社群管理者及时介入处理纠纷

C. 社群提供有价值的内容和服务　　D. 社群成员对社群主题有浓厚兴趣

4. 在设计社群积分机制时，需要考虑哪些方面？（　　）

A. 设置积分数值及等级　　　　　　B. 制定积分获得规则

C. 设置积分有效期　　　　　　　　D. 无须考虑成本，积分可以随意发放

扫码自测

三、简答题

1. 请简述配置社群角色的意义。

2. 如何提升用户的情感依赖？

3. 请简述劝退不良社群用户的步骤。

四、思考题

1. 请按照顺序回答"任务引导"中王平的疑问。

2. 用自己的想法构思某一社区新用户增长关键指标，并说明原因。

五、实操题

请3~5位同学组成一个团队，持续运营自己的社群，并根据社群内容，填写表4-1和表4-2。

表4-1　社群成长表

社群名称			
群主		群管理	
群主身份		群管理分工	
社群所在平台		平台特点	
社群的规格(进入时人数)			
社群日常活跃人数 (一周内发言活动人数)			
社群的角色类型			
社群新用户增长途径			
社群黏性培养方法			
社群内举办的活动			
社群劝退不良用户人数			
其他有价值 或有意思的点			

表4-2 任务训练评分表

任务环节	工作内容	参与成员	自评分	小组评分

项目5 推广社群

项目目标

知识目标：

1. 了解推广社群所需的知识，夯实推广社群的前期准备工作。

2. 了解社群推广平台引流客户，提高推广社群有效性。

3. 了解线上线下活动推广所需的要素，扩大社群推广活动影响力。

4. 了解复制裂变优秀社群的步骤和过程，加快优秀社群的成长速度。

技能目标：

1. 能够根据企业需求完成不同社群的推广。

2. 能够快速有效甄选社群推广的平台，引流社群客户。

3. 能够按照既定目标组织线上线下社群推广活动。

4. 能够完成优秀社群复制裂变。

素养目标：

1. 了解团队是个人价值的源泉，从而培养团队合作精神，提升团队协作能力。

2. 了解社群推广的社会价值和市场价值。

3. 培养好奇心与团队组织能力。

🎲 思维导图

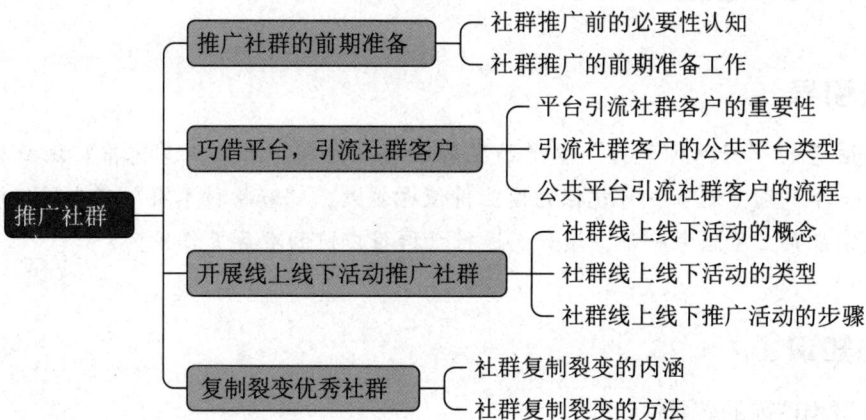

● 学到的知识

_____

_____

_____

● 掌握的技能

_____

_____

_____

● 提升的素养

_____

_____

_____

任务5.1 推广社群的前期准备

任务引导

王平运营的"好物种草群"取得了显著成效。近期，王平正考虑推广该社群，扩大用户规模，毕竟用户越多，可挖掘的商业价值也越大，"好物种草群"产生的经济效益越高。请大家来帮王平思考一下，该如何进行社群推广前的准备工作呢？

核心知识

1. 社群推广前的必要性认知

在现代营销中，社群运营已成为一种非常重要的营销策略。当社群初具规模后，运营者倾向于快速扩大规模，普遍认为社群规模与用户基数、商业价值成正相关。但实践表明，盲目扩张的新兴社群往往因管理能力不足而陷入困境，最终导致社群质量下降甚至解体。相较之下，规模适中且运营精细的社群往往更具生命力。因此，建议运营者在制定扩张策略前，需审慎评估社群定位、管理能力等核心要素。

在社群推广之前，运营者要明确3个问题。

第一，扩大社群的目的是什么？

第二，是否有其他方式可以达到这个目的？

第三，扩大社群会引发哪些问题，这些问题能否快速解决？

如果其他方式能达成目的，或扩大带来的问题及成本超过预期，则需要慎重考虑是否推迟社群扩张计划。

夯实社群推广前期准备

小案例

张老师社群推广前的思考

张老师运营油画社群，取得了显著的收益。近期，她正考虑进一步推广社群，认为用户越多，可挖掘的商业价值越大。目前，她需要对以下3个问题进行思考。

(1) 目的：吸引更多学生加入，增加收入。

(2) 其他可行途径：通过广告投放或对接中介等方式吸收学员，但要考虑成本因素。

(3) 问题和解决方案：扩大社群会造成社群管理时间成本增加，个人精力可能不够。然而，通过招募社群小助手和两名油画助教，能快速解决这一问题。

社群推广的意义主要体现在以下几个方面。

(1) 社群推广可以帮助企业建立良好的品牌形象，传递积极的企业文化，展现企业专业、负责任的一面。

(2) 社群推广可以使企业的产品或服务获得更大的曝光度，让更多的用户了解企业，并有机会进一步了解和购买产品。

(3) 社群推广可以提高客户的参与度，通过鼓励用户参与互动，增强客户对企业的忠诚度，提升购买意愿。

(4) 社群推广可以为企业提供实时反馈，使企业更好地了解用户需求，提供更好的产品和服务。

(5) 社群推广可以降低企业的营销成本，相比传统的广告投放，社群推广成本更低。

(6) 社群推广可以帮助企业扩大人脉圈，使企业更新认知，获取更多知识。

2. 社群推广的前期准备工作

在进行社群推广前，需要做好人、财、物等方面的准备。社群属于互联网生态，财和物的边际成本较低，所以财和物并不是扩张的障碍，运营管理人才和内容输出人才才是扩张时期最为关键且难控制的因素。

一个好的社群依靠用户情感连接构建框架，依靠优秀群友生产价值内容填筑血肉，依靠优秀的管理调动用户积极性，依靠统一的价值文化增加社群的凝聚力和影响力。社群扩展方式一般分为两种：一是直接增加原群人数上限；二是复制成功社群，设立多个分群。前者易导致消息激增、成员关系疏远、管理困难；后者需要确保原社群氛围、文化、价值观在新群中得以传承，且管理人员能高效协调多个群而不降低活动质量。

因此，社群扩张前，管理员需优先解决管理人员和核心社员的能力匹配问题，避免临时招募新人。建议通过内部选拔与外部引进相结合的方式筛选运营人才，待其充分理解社群价值观并具备管理能力后，再逐步扩大社群规模；也可将成熟社群的管理模式复制到新社群，实现规范化引导。

开阔眼界

社群优秀文化的复制策略

我们可以采用以下两个策略将原社群的优秀文化复制到新的社群。

1. 新老结合

当创建新群时，我们会邀请原有社群中忠诚度较高的成员加入，以奠定新群的氛围。这样，新成员进入群后能迅速感受到社群的活力，更易融入社群氛围。老成员还能将社群的一些语言习惯、约定俗成的规则、良好的秩序及根文化传递给新成员。等新群稳定后，再逐步扩展至第三、第四、第五个社群。

2. 分舵模式

随着社群的扩张，成员因地域、年龄、工作领域等差异逐渐形成不同的小文化圈。在这样的情况下，运营者可构建去中心化的区块链社群模式——将大社群分为基于身份标签的子社群，各个子社群再独立运营、独立招新。采用这种策略时，需要统一规范群管理选拔、权责划分、申请门槛、群规设置及群间交流方式等标准。其中子社群负责人的选拔尤为关键。

任务5.2　巧借平台，引流社群客户

📖 任务引导

"好物种草群"不断有新成员加入，但人数仍未达到王平的预期目标。主管要求王平通过扩大社群在公共平台上的影响力来增加社群成员数量，并开展社群推广活动。王平希望了解如何选择合适的公共平台以及如何有效地吸引客户。

◎ 核心知识

巧借平台
引流用户

1. 平台引流社群客户的重要性

为了确保社群的可持续发展，积极吸引新客户至关重要，因为客户是实现成交转化和创造收益的基础。社群可以通过微博、微信、小红书、知乎等公共平台进行引流，吸引潜在用户加入社群。通过平台，引流客户的重要性主要体现在以下几个方面。

1) 扩大客户群

通过平台引流，社群能够接触到更多潜在客户。这不仅有利于提升社群知名度，还能提升社群的增值能力。

2) 增加流量

引流能够为平台带来更多的访问量。通过网站优化和利用搜索引擎优化(SEO)等技术，平台能够吸引更多的潜在用户。

3) 提升竞争力

有效的引流能够增强社群的市场竞争力。通过吸引更多客户，社群能在市场中占据更有利的位置，从而在竞争中脱颖而出。

4) 优化市场反馈

通过分析引流获取的客户反馈，社群可以更准确地了解市场需求和客户偏好，进而优化自身产品和服务，提升客户的满意度和忠诚度。

5) 建立客户关系

引流是建立和发展客户关系的重要步骤。通过持续的客户互动和沟通，社群能够构建长期稳定的客户关系，从而提升客户的忠诚度和回购率。

总体来说，引流对于社群的发展至关重要。它不仅能够帮助社群扩大客户群、提升知名度、增强竞争力，还能够优化市场反馈并建立良好的客户关系。因此，社群应重视并做好平台引流工作，以促进业务的持续发展。

⊛ 知识拓展

了解不同的引流平台

深入了解各引流平台特性是制定营销策略的关键考量。在选择引流平台时，需综合评估平台的用户画像、内容生态和引流模式等核心要素。以下是一些主流引流平台概况。

1. 微信平台

作为国内用户基数最大的社交媒体平台，微信提供了朋友圈、微信公众号、微信群等多种引流途径。微信用户群体十分广泛，但需要注意的是，微信平台对营销内容的限制较为严格，要避免过度商业化运营。

2. 微博平台

作为国内领先的社交媒体平台，微博以短文本和多媒体内容为核心，具备强大的传播力和社交影响力。在微博上，通过持续输出优质原创内容、开展互动运营等方式，可以有效提升用户关注度并促进内容传播。

3. 抖音平台

抖音是一个以短视频为主要内容形式的社交媒体平台，拥有极高的用户活跃度和黏性。在抖音上，通过创作有趣且新颖的视频内容，可以吸引用户关注和点赞。

4. B站平台

B站作为国内领先的Z世代文化社区，以ACG(动画、漫画、游戏)内容为核心，构建了独特的弹幕互动视频生态。平台用户黏性突出，社区互动氛围活跃。通过持续产出优质原创内容，创作者不仅能获得用户关注，还能收获打赏等正向反馈。

5. 知乎平台

知乎作为国内领先的知识分享社区平台，以专业问答为核心功能，聚集了大量高素质用户和行业权威人士。通过持续输出深度、专业的内容创作，创作者能够有效获得用户关注并收获高质量互动反馈。

综上所述，深入了解各引流平台特性是制定高效引流策略的基础。运营者需精准分析目标受众画像，选择匹配度最高的平台渠道，同时针对不同平台的用户偏好和内容调性进行定制化创作，从而实现最优的引流转化效果。

2. 引流社群客户的公共平台类型

1) 免费社交平台

这类社交平台包括各类论坛、问答平台和微博。

(1) 各类论坛。例如百度贴吧、天涯论坛、猫扑大杂烩、豆瓣社区等。当前主流论坛可分为综合型与垂直型两类：综合型论坛凭借多元化的内容生态吸引泛用户群体，而垂直型论坛则通过深耕特定领域内容获取精准用户流量。运营者可通过长期社群运营策略，包括日常互动维护、用户需求洞察，以及精准投放软文推广和定向私信邀约等方式，实现高质量用户的精准引流。

(2) 问答平台。以百度百科、知乎为代表的问答平台，通过线上问答的形式帮助用户解惑，弥补了对隐性知识的即时搜索。在社群推广实践中，运营者应当建立专业账号并完善个人资料；持续产出垂直领域的高质量解答；积极参与热点话题讨论；策略性植入社群信息。例如，知网平台的"牵星舵手MBA社群"的运营者就是通过回答问题、发布视频及文章等方式进行内容输出，并在每篇软文中嵌入社群介绍，成功吸引了大量目标用户关注。

小案例

知乎平台引流社群客户

一个MBA培训社群在知乎上解答MBA考培问题，分享相关的知识内容。随着内容的不断积累，这个社群逐渐成为知乎上拥有众多粉丝的大V。它已经回答了3880个问题，获得了16342次点赞和21467次收藏(见图5-1)。下面是这个知乎大V的自我介绍。

图5-1　MBA培训社群在知乎上的主页

我是每天都在用心撰写文章的牵星小舵手，感谢大家的点赞和关注@牵星舵手MBA社群，鼓励我哦~~~~牵星舵手MBA社群究竟是一个怎样组织？哈哈，我们并不神秘，但我们很特别！我们是一个专业的MBA面试陪练社群，由商学院老师和名校MBA成员组成，坚持利用"MBA思维"来帮助提高MBA面试能力水平。"985"高校MBA名校面试通过率达到87.5%。

"MBA人传帮带互助"的社群文化从2017年开始吸引了超过5000位社员加入我们。他们主要申请清华大学、北京大学、复旦大学、上海交通大学、中山大学、浙江大学等国内MBA专业排名前20的高校。如果你不知道MBA是否合适你，可以寻求社群的学长帮助：点击找名校MBA学长聊聊。如果你不清楚适合考哪所学校的MBA，可点击择校数据模型测评。

---

(3) 微博。作为中国最具影响力的社交媒体平台，微博凭借其去中心化传播机制和裂变式传播特性，为社群营销与用户招募提供了高效渠道。运营者可采取双轨制推广策略：一方面建立官方认证账号进行品牌化运营，通过持续输出垂直领域优质内容构建私域流量池；另一方面借助KOL资源进行矩阵式传播。

2) 免费内容平台

内容平台是指整合了众多内容创作者并拥有一定用户流量的平台。例如，短视频平台抖音、快手，音频平台喜马拉雅、考拉，直播平台YY等都是内容平台。这类平台呈现内容为王、强者愈强的趋势，因此想要做好用户引流，就需要精心运营内容。

3) KOL引流

KOL俗称大V，KOL引流指的是通过KOL的影响力将品牌或产品推广给广大受众。KOL拥有大量粉丝，他们发布的信息对粉丝的行动有较大的影响。KOL一般分为头部KOL、细分垂直KOL、达人用户(见图5-2)。在营销市场中，头部KOL虽然仅占整体KOL数量的20%以下，却占据了80%以上的广告投放资源。这类KOL的核心价值在于能够快速提升品牌曝光度，并为后续营销活动持续赋能。不过，其服务费用往往十分昂贵，单个头部KOL的报价甚至可能超过中小型广告公司的全年营销预算。而垂直领域KOL和达人用户的广告费相对较低，但传播效果差一些。

名人、明星级KOL，粉丝基数大，大众认知度高

在专业领域有深度影响力，细分粉丝比较多，忠诚度较高

有一定传播力，基数大，能与粉丝平等对话

图5-2 KOL的分类

对于社群而言，社群用户的潜在用户类型更加垂直、属性更加单一，同时结合引流成本(性价比)，社群的KOL引流更适合垂直细分KOL和达人用户。在社群推广时，一定要找价值观和社群一致的、粉丝活跃度比较高的、号召力比较强的KOL。建议建立长期稳定的合作关系而非单次投放，因为短期合作往往效果有限，而持续合作不仅能提升引流效果，还能深化品牌与KOL的互信关系。对于合作良好的KOL，可进一步邀请其参与社群运营，通过干货分享等方式增强用户黏性。

小案例

KOL引流举例

KOL引流(见图5-3)就像一种精心策划的社交媒体风暴，通过KOL的影响力，将产品或品牌信息迅速传播给广大受众，引发受众的关注，激发他们的购买行为。

(1) 一家服装品牌邀请了一位知名时尚博主参与品牌活动，并由其在社交媒体上发布了多篇关于该品牌的内容。这些内容吸起了大量粉丝的关注和转发，最终为品牌带来了大量的新客户，有效提高了品牌知名度和销售额。

(2) 一名美食博主与一家餐厅合作，在社交媒体上发布了一系列关于该餐厅的美食照片和推荐。这些内容吸引了大量粉丝的关注，引导他们到店用餐，为餐厅带来了显著的客流量和良好的口碑。

(3) 一位科技领域的知名博主在社交媒体上发布了一篇关于某款新手机的评测文章，引起了大量粉丝的关注，带动了粉丝群体的购买热情。这款手机凭借这波营销势能，不仅获得了可观的市场份额还获得了良好的用户口碑。

(4) 一位健身博主与一家健身房合作，在社交媒体上发布了一系列关于该健身房的健身教程和推荐。这些内容吸引了大量粉丝的关注和到店体验，为健身房带来了可观的会员增长。

图5-3　KOL引流示意图

4) 付费广告

当运营资源有限或需要快速提升业务规模时，企业可考虑通过付费广告渠道进行推广投放，如腾讯广告、微博推广和百度联盟等主流平台。这类数字营销平台通常采用基于用户画像的精准投放技术，能够有效触达目标客群。

⚙ 知识拓展

网络广告计费方式

网络上的付费模式主要包括CPA/CPS、CPM、CPT、CPC。这些都是网络营销领域的专业术语，其各自的广告平台风险和广告主优化空间如图5-4所示。

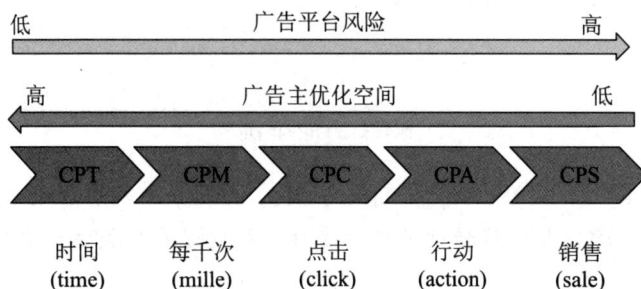

图5-4　广告计费方式特点

CPA/CPS是按效果付费的模式。它代表每次行动成本计费，即根据广告的实际效果进行收费，包括有效注册、活动报名、填写问卷等有效行为的次数。

CPM是按每千人浏览计费的模式，即按展现付费。每当广告展现一千次时，就会产生一定的费用。这意味着广告曝光给更多人群，收费也会越高。

CPT是按广告持续时长计费的模式，即按照广告播放的天数或小时数来收费。这种模式常用于贴片广告和页面广告。

CPC是按用户点击次数收费的模式，即每带来一个点击就收取一定的费用。例如，百度竞价广告就是采用这种计费方式。

在选择广告投放模式时，运营方需基于精准用户画像和营销目标进行策略性投放，以优化广告转化效率。若忽视精准投放原则，将可能导致营销成本的非必要增加。

3. 公共平台引流社群客户的流程

公共平台引流社群客户的流程一般包括以下几个步骤。

1) 确定目标客户群体

在开始引流之前，必须明确目标客户群体，如年龄、性别、兴趣、职业等。

2) 确定引流平台

选择合适的平台进行引流，例如社交媒体、论坛、博客、短视频平台等。

3) 制定营销策略

根据目标客户群体的特点和平台的特点，制定相应的营销策略，如发布有价值的内容、开展促销活动、合作推广等。

4) 执行营销计划

根据营销策略，执行具体的营销计划，如发布广告、撰写文章、拍摄视频等。

5) 监控和优化

在执行营销计划的过程中，需要实时监控数据并及时调整计划，以提高引流的效率。例如，分析目标客户的行为和兴趣，优化发布的内容和营销策略等。

6) 引导用户转化

通过引流，引导用户进行转化，如关注公众号、注册会员、购买产品等。

7) 持续互动与维护

在引导用户转化的过程中，需要与用户保持互动和联系，及时回复用户的问题和反馈，建立良好的用户关系。

以上是公共平台引流社群客户的一般流程，具体实施时需要根据实际情况进行调整和优化。

任务5.3　开展线上线下活动推广社群

📖 任务引导

通过"好物种草群"的社群工作实践，王平不仅深刻认识到社群推广的重要性，还掌握主流社交平台的社群推广方法。接下来，如何设计有效的社群活动方案，在提升现有用户活跃度的同时实现社群规模扩张，为运营者创造更大的商业价值，成为需要解决的核心问题。

◎ 核心知识

1. 社群线上线下活动的概念

社群线上线下活动是指通过整合线上和线下场景，为社群成员提供互动、交流和学习的机会。这种活动形式可以充分发挥线上和线下的优势，为社群成员带来更具价值的体验。

线上活动通常通过各种社交媒体平台进行，如微信群、QQ群、微博、知乎等。这些平台可以让成员随时随地参与活动，进行交流和互动。线上活动包括在线讲座、直播分享、线上讨论会、线上问答等形式，这些活动可以吸引更多的成员参与，提高社群的活跃度和互动性。

线下活动则是指在实体场地举办的活动，如研讨会、交流会、讲座、展览等。线下活动可以让成员进行更加深入的交流和互动，建立更加紧密的联系，培养信任感。同时，线下活动也可以为成员提供更多的展示机会，分享经验和知识。

社群线上线下活动是一种非常有益的活动形式，线上和线下活动相互补充，可以提高社群的活跃度和互动性，促进成员之间的交流和互动，也为社群成员提供更多的学习机会和资源。

2. 社群线上线下活动的类型

1) 线上活动

(1) 线上讲座和分享会。这是一种常见的线上社群活动，通过邀请行业专家、学者或KOL进行实时直播或内容录播，为社群成员提供有价值的信息和见解。

(2) 在线研讨会和论坛。这类活动为社群成员构建了深度交流的数字化场域，通过结构化议程设置，引导参与者围绕特定议题展开多层次、专业化的知识碰撞与观点交锋。

(3) 线上培训和课程。这类活动基于社群成员能力提升需求定制的数字化培训体系，通过系统化的在线课程与互动式工作坊，为社群成员构建持续性的职业能力发展路径与知识更新机制。

(4) 线上竞赛和挑战活动。这类活动(如编程竞赛、设计竞赛等)能够有效激发社群成员的创造力和参与热情。

(5) 线上聚会和社交活动。尽管这类活动在线上进行，但通过视频聊天、在线游戏等互动形式依然能够营造出聚会般的氛围，进而促进社群成员之间的互动交流。

2) 线下活动

(1) 线下研讨会和论坛。线下研讨会和论坛与线上研讨会和论坛类似，但可以在实际场地中进行面对面的交流和讨论。

(2) 线下培训和课程。这类活动提供实际的培训场所，让社群成员能够亲身参与和实践。

(3) 线下社交活动。线下社交活动通过组织各种线下聚会、团建活动或社区活动，为社群成员创造面对面交流互动的机会。

(4) 线下竞赛和挑战。线下竞赛和挑战让社群成员在实际环境中展示才华和创造力，具有强互动性和实践性。

(5) 线下展览和展示活动。线下展览和展示活动(如艺术作品展、产品展示会等)为社群成员搭建了展示个人作品与成果的交流平台，强化艺术感染力与信息传递深度。

以上仅为一些常见的线上线下社群活动类型，实际上社群活动的形式非常丰富，运营者可以根据社群的特点和需求进行灵活设计。

小案例

罗辑思维线上线下社群活动

罗辑思维的核心价值在于构建了高活跃度的知识付费社群生态。那么，罗辑思维是如何开展社群活动的呢?

1. 在线上培养习惯

共同习惯的养成，不仅可以建立仪式感，还可以强化会员之间的"自己人效应"。例如，罗辑思维社群固定每天早上大约6点20分发送语音消息，以培养用户的阅读习惯。

2. 加强线下互动

线下活动更能促进人与人之间的联系，罗辑思维就举办过不少线下活动，比如"爱与抱抱"线下见面会、"霸王餐"活动等。

---

3. 社群线上线下推广活动的步骤

开展社群线上线下活动的流程大同小异，掌握好方法后，可以举一反三，应用到各类活动中。概括来说，社群线上线下活动的开展有五步：策划、筹备、宣传、执行、复盘，如图5-5所示。基本上所有活动都在这5个步骤中，只是繁杂程度不一样。

线上线下
活动推广
（上）

策划 ＞ 筹备 ＞ 宣传 ＞ 执行 ＞ 复盘

图5-5　线上线下社群活动流程

1) 策划

前期策划直接影响整个活动的能顺利开展。具体流程如下所述：首先，明确用户需求并确定活动目标；其次，通过头脑风暴等方式形成初步方案；再次，筛选并制定总体方案；最后，编制线下活动计划表并安排团队分工，如图5-6所示。在方案构思阶段，应鼓励创新思维，广泛收集建议；在方案筛选时，需始终对照活动目标，避免偏离初衷；在制定总体方案时，需落实人员配置、预算编制、物资筹备和权限分配等具体事项。

图5-6　线上线下社群活动策划阶段安排

2) 筹备

在筹备时，要做好外部准备工作，包括嘉宾邀请、赞助商合作、场地安排以及物资准备。

(1) 嘉宾邀请。活动筹备中需要明确邀请嘉宾的名单、专业领域及演讲主题，提前确认嘉宾的时间安排。若合作效果良好，可考虑与嘉宾建立长期合作关系，邀请其加入社群或担任导师。

(2) 寻找赞助商。获得赞助商在资金、场地、人员、物料等方面的支持，能有效缓解，社群活动的经济压力。但需同时必须考虑能为赞助商提供哪些实际回报。一些社群在初期为了获得赞助，可能会在洽谈中夸大宣传，这会对社群信誉造成负面影响。因此，应优先选择与社群成员画像匹配、价值观契合的赞助商，并确保为其提供稳定的合作回报。

(3) 选择场地。选择场地的主要标准是交通便利性(便于社群成员前往参与)和容量适配性(满足人数需求)，同时兼顾成本效益(优先选择免费或高性价比场地)。可通过两种途径获取免费场地：一是与场地供应商达成赞助合作；二是申请政府公益场地资源。

(4) 准备物料。物料准备相对简单，关键在于列出详尽清单、指定负责人，并确保领取和记录工作得到妥善管理。

小案例

读书会线下活动场地选择

某地读书会每月定期举行线下读书活动。运营者通过调研，找到了一家咖啡馆作为活动场地。参加活动的读书会成员会习惯性地点一些饮品和点心，基于此运营者和咖啡馆达成合作：咖啡馆免费提供场地，读书会则保证会员在活动期间产生一定消费。

---

3) 宣传

活动运营需遵循既定流程，包括制订宣传计划、制作宣传材料、开通报名通道、投放广告并监测效果，以及根据反馈进行调整。其中，监测效果尤为关键，如果报名人数没有达到预期，需要分析是宣传范围、活动内容、报名渠道存在问题，还是社群成员缺乏兴趣；如果报名人数过多，导致许多成员无法报名，应该考虑是否要增设新的活动。运营者需要及时做出调整并将调整结果反馈给社群成员。

⬡ 知识拓展

社群线上宣传推广活动渠道认知

在社群运营中，线上宣传推广活动的成功离不开科学规划与精准执行。以下是关于活动渠道认知及运营策略的总结，涵盖工具、文案、推广、执行等关键环节，帮助运营者系统提升活动效果。

(1) 活动工具：微信公众号平台、第三方功能平台(如H5、麦客表单、用户互动等)。

(2) 文案设计：包括推广文案、流程文案、图片、音频等素材的准备

(3) 渠道推广：通过渠道合作、联合推广、宣传曝光等方式进行

(4) 团队执行：涉及渠道拉新、运营留存、销售转化、复盘总结等环节

(5) 需求分析：明确活动目的、了解用户需求

(6) 解决痛点：挖掘痛点，在活动环节中着重解决这些痛点

(7) 数据监测：通过后台数据监测，及时调整活动策略

(8) 用户维护：担任客服角色，引导用户参与活动环节

4) 执行

执行阶段的关键在于依据活动模块制定详尽的行程清单，同时确保每个项目都有明确的负责人，做到无一遗漏。如此，活动基本上就能顺利推进。

5) 复盘

"复盘"这一术语源自围棋，指的是在每次棋局结束后，棋手通过重新演练刚结束的对局，找出双方攻防中的破绽并探索新的可能性，从而提升棋艺水平。在社群活动推广中，复盘是一种将经验转化为能力的有效方法。通过复盘，我们不仅能重新梳理活动思路，还能通过不同角度的思维碰撞，激发新的构思、方案和创意。

线上线下
活动推广
（下）

(1) 复盘的第一步是回顾与评估，即回顾整个活动，评估其是否达到了既定目标以及完成情况如何。可通过以下问题进行回顾评估：这次活动的初衷和目标是什么？活动的关键成果有哪些？实际结果如何？这些结果是在什么情况下产生的？哪些预期目标达成了？与活动预期相比，哪些方面表现更好，哪些方面未达到预期？最后，需要将活动的亮点和不足整理成书面材料。

(2) 复盘的第二步是分析与反思。在这一阶段，要深入分析上一步中发现的亮点和不足产生的根本原因：亮点产生的主观原因是什么？客观原因是什么？真正起作用的成功因素有哪些？对于不足之处，其主观、客观及最根本的原因又是什么？最终，要总结出成功的关键因素和失败的根本原因。

(3) 复盘的第三步是萃取与提炼。活动运营者要学会从经验中提炼教训，做到举一反

三。根据上一步的分析，我们学到了什么？有哪些方法值得坚持和推广？哪些方法需要改进？要记录下可以传承和推广的做法，以及需要改进的事项。

(4) 复盘的第四步是转化与应用，即将提炼的经验和教训应用于未来的活动中，并提出创新和改善的建议。例如，针对同类活动制定改进方案，明确执行优先级(如哪些措施可立即实施、哪些需审批决策)，形成包含时间节点和负责人的行动计划表。

案例分析

某社群线下专题讲座活动复盘

某社群成功举办了线下专题讲座，特邀行业专家分享经验。会后，活动评估显示，参与者满意度超出预期，部分成员表达了加入付费会员的意愿。同时活动还获得了官方媒体报道，产生了积极的社会反响。然而，在互动环节中，参与者很少主动提问或发言，出现过短暂冷场。

经分析发现，其一，多数参与者为首次参加线下活动，彼此陌生，交流时拘谨；其二，活动主题与地方政府推广项目高度契合是吸引媒体关注的主要原因。

基于以上分析，我们提出以下三大建议：首先，以后在策划活动时，可以考虑将主题与当地推广的项目相结合，以获得政府的支持；其次，为了提高线下活动的互动性，建议邀请一两位社群内的KOL或活跃成员引导发言，同时准备一些小礼品作为互动奖励；最后，将收集到的改进建议记录下来，并在下次活动中予以实施。

此外，建议在活动结束后召开专门的复盘会议，由主持人以第三方视角协助引导复盘流程。复盘过程中，应避免当场问责，聚焦于事件本身，避免对个人进行批评；同时要确保反馈的全面性，既要分享成功经验，也要指出存在的问题。

任务5.4　复制裂变优秀社群

任务引导

随着"好物种草群"的用户数量不断增长，王平发现成员偏好的产品各有不同，聊天内容也日益丰富。王平开始思考一个问题：如何根据现有社群成员的需求，复制裂变出多个社群？这样既能针对性地服务不同社群，更好地满足用户日益增长的需要，同时也能提高社群用户的稳定性和用户参与度。

核心知识

1. 社群复制裂变的内涵

社群复制裂变是指基于社交网络和社群，通过用户的分享和邀请，将社群成员快速扩散和增加的一种营销策略。它是扩大社群规模的重要方式。在社群裂变过程中，一方面要确保管理团队的稳定性；另一方面应尽可能地将社群文化原样复制到新群中。社群复制裂变可采用两种模式：一是以第一个社群为模板逐步建立第二、第三等后续社群；二是将原社群按细分领域拆分为多个去中心化的垂直社群。

复制裂变
优秀社群

社群复制裂变的内涵主要包括以下几个方面。

(1) 核心价值传递。社群裂变的前提是传递社群的核心价值。社群需要有明确的目标和定位，能够为用户提供有价值的内容和服务，从而吸引用户加入并促使其积极参与社群活动。

(2) 激励机制设计。社群裂变需要设计有吸引力的激励机制，以吸引更多的用户参与裂变活动。激励形式可以是优惠券、红包、赠品等，需要根据目标用户群体的需求和喜好进行设计。

(3) 裂变规则制定。社群裂变需要制定明确的裂变规则，让用户清楚如何参与裂变活动并获取奖励。裂变规则需要简单易懂，方便用户操作，并且能够激发用户的参与热情。

(4) 社群持续运营。社群裂变需要持续的社群运营，运营内容包括内容更新、用户互动、活动策划等。通过社群运营，可以保持社群的活跃度和用户黏性，进而提升裂变效果。

(5) 用户裂变。社群裂变的最终目的是让用户自发地进行裂变传播，将社群的核心价值和奖励分享给更多的人。这要求社群有足够的吸引力和较高的用户参与度，让用户愿意主动分享并邀请更多人加入社群。

2. 社群复制裂变的流程

1) 设置裂变奖励

裂变奖励的三大法宝是干货、产品和红包。能够精准满足用户需求的社群往往更具吸引力。例如，针对备考四六级的大学生群体，单词记忆是学生的普遍痛点，若以"入群即送1000个四级高频核心词汇表"为奖励，便能有效吸引新成员加入；产品奖励即实物奖励，如送一兜鸡蛋则很快吸引周边居民加入超市群；对于社区外卖社群，提供"入群立享5元外卖红包"的优惠同样能快速获客。

在社群裂变活动中，海报作为主要传播载体，其设计质量直接影响裂变效果。优化海报设计需重点关注三个核心要素：第一，标题字号在微信朋友圈或群聊缩略图状态下清晰可辨；第二，内容简明扼要，文案精准切中用户痛点，符合5秒注意力法则；第三，巧妙运用限时、限量等营销手段营造紧迫感。

知识拓展

社群裂变海报的应用流程

社群裂变海报应用流程：用户看到海报——扫码关注公众号——回复"如何报名"——点击入群按键——扫描活码进群——机器人发送入群提醒——复制文字和图片——转发到朋友圈——用户看到海报，如图5-7所示。这是一个循环的过程，在新人入群的过程中，社群就已经开始了再次推广宣传，因此裂变效果显著。

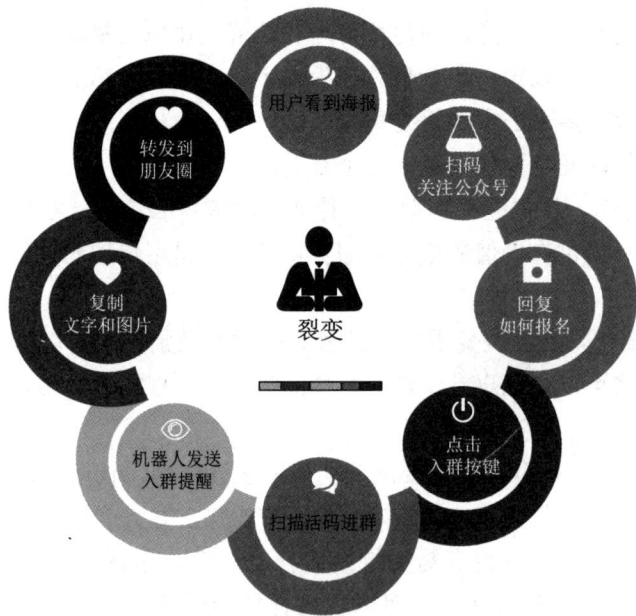

图5-7　社群裂变海报应用流程

裂变红包也是一种社交营销载体，其核心机制包含5个关键参数设置：基础红包金额、红包发放总量、最低裂变人数要求、用户首次拆取金额以及好友助力拆取金额。运营人员完成参数配置后，将活动链接投放至目标社群。参与者点击链接即可领取首拆红包，同时可通过邀请好友助力获得剩余金额，实现参与者和助力者双方均可获利的双赢模式。例如，拼多多裂变红包(见图5-8)通过多重激励设计驱动用户分享传播。用户将红包分享给好友并邀请好友助力拆取，双方均可获得红包奖励。这种裂变方式特别适合刚开始做私域社群运营的企业，以及用户数量较少的社群。

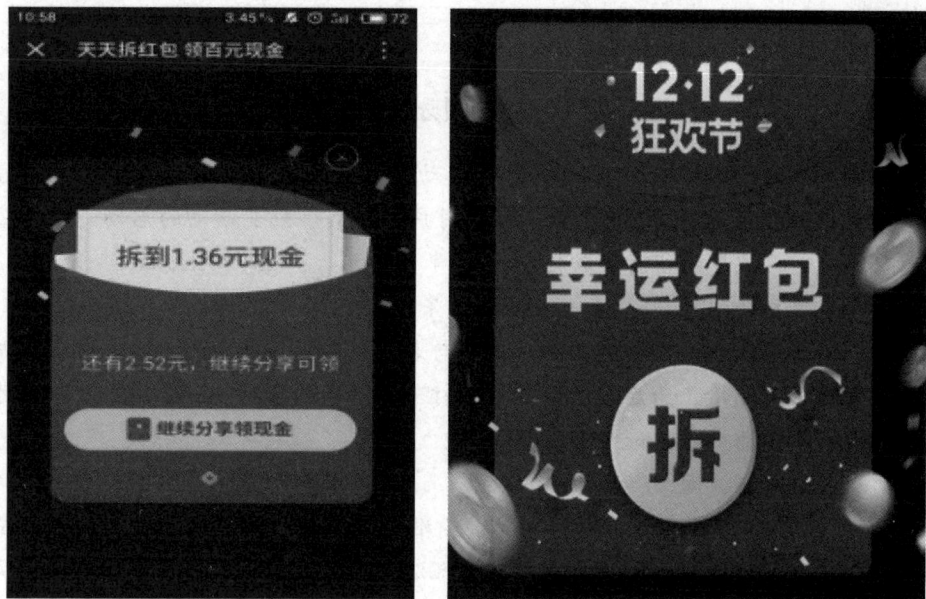

图5-8 拼多多裂变红包

除了海报裂变、红包裂变，还存在任务裂变、抽奖裂变等形式。其中，任务裂变、抽奖裂变与红包裂变类似。当然，社群在设置裂变任务时要把握好难度，以免影响新成员的参与体验。

3) 选择裂变渠道

推广渠道决定活动的覆盖面，覆盖面越广，活动的传播范围也就越宽，参与的人数也就越多。全渠道运营已成为主流裂变策略：社群运营者在主平台进行首发后，同步在其他多个平台进行二次分发。尽管次级平台的粉丝基数不及主平台，但通过长尾效应仍可获取可观的用户增量。

4) 监测裂变过程

我们可以借助一些工具来更好地监测和操作社群。这些工具主要包括群监测统计工具、进群欢迎语及引导话术机器人工具、活码工具等。

(1) 群监测统计工具。该工具可用于鉴别、统计入群人员，并在必要时执行踢除违规用户的操作。通过使用群监测统计工具，能够统计群里每个人邀请的有效人数。例如，用户A拉了40个人进群，有20个人退群了，那么统计的有效人数就是20。此外，群监测统计工具还可以识别并踢出明显具有广告、营销、微商性质的人员。

(2) 进群欢迎语及引导话术机器人工具。当有大量用户进入社群时，需要设置机器人来持续欢迎新人、介绍群规、引导用户行为等。老用户拉新用户进群后，机器人可以@老用户给予鼓励，同时@新人，告知新人群内正在开展的活动及其参与方式等。

(3) 活码工具。活码工具可有效维持微信社群二维码的长期有效性，同时确保个人微信号的添加功能正常运作。鉴于微信平台持续加强对裂变营销及诱导性二维码分享的管控，社群运营者需严格控制操作频率，防范账号封禁风险。常规操作方案包括预先创建社群矩阵、配置合理的入群节奏参数等。

案例分析

社群推广成功案例分析模拟扮演

山东有一家自助餐厅通过用户裂变活动，在两小时内吸引了大约2000名顾客。该社群推广活动分为5个步骤：种子用户的积累、裂变活动的启动、用户参与的路径规划、流量的留存和转化。

1. 种子用户的积累

种子用户是活动启动初期的第一批参与者，对门店或平台的活动表现出极高的关注度和参与热情，为后续的裂变活动打下了坚实的基础。种子用户的积累可以从数量和质量两个维度进行考量。

1) 如何积累用户数量

(1) 线下获客。日常到店客群均具备精准用户属性，需建立系统化的客户留存机制。建议通过企业微信添加实现客户沉淀，如设置扫码赠礼等激励措施、明确告知客户权益(专属优惠、新品通知等)。

(2) 线上裂变。针对初期线下流量瓶颈，可启动社交裂变增长模式：依托现有用户社交关系链，设计阶梯式奖励机制(如邀请3人获代金券，邀请5人享免费菜品)，通过社交传播实现用户规模指数级增长。需要注意的是，要设置合理的邀请上限，避免奖励滥用。

2) 如何提升用户质量

(1) 提升社群活跃度。将用户吸引到社群后，可通过每日红包抽奖、话题讨论等方式提升其活跃度。建议建立定期互动机制(如每周主题日活动)，在维持社群活跃的同时，有效引导用户到店消费转化。

(2) 建立线下信任。针对社群用户可设立"会员日"等固定线下活动，设计符合品牌调性的社交聚餐与互动游戏，通过设置奖品激励和沉浸式体验，逐步增强用户与门店的情感联结。

2. 裂变活动的启动

1) 启动话术

这家自助餐厅的推广活动的噱头是"霸王餐"(见图5-9)，通过宣传吸引大量潜在用户。需要注意的是，虽然"霸王餐"曾是吸引顾客的噱头，但随着市场变化，现在需要推出更具吸引力的营销策略。新的促销方案不仅要足够吸引眼球、优惠力度大，还需结合不同时期、发展阶段和商圈特点来定制。

2) 使用工具

在社群推广中，使用群活码、机器人等管理微信群。微信群活码是一种动态二维码，可自动切换多个群聊入口，解决传统二维码7天失效和200人上限的

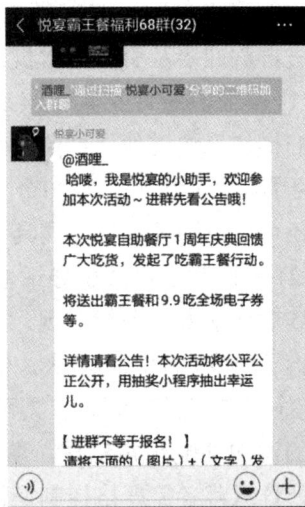

图5-9　裂变启动话术

问题；而微信群机器人通过自动化响应与规则引擎，减轻了人工管理负担，提升互动效率。裂变工具使用效果如图5-10所示。

3) 启动时间

活动启动时间定在晚上8点。根据微信用户行为报告分析，晚上8点到10点是用户浏览朋友圈的高峰期。选择在这一时段启动活动，可确保第一批种子用户及时分享内容，通过社交裂变(朋友间的二次传播)实现本地朋友圈的广泛覆盖。

3. 用户参与的路径规划

用户参与活动的路径如图5-11所示。

图5-10 裂变工具使用效果

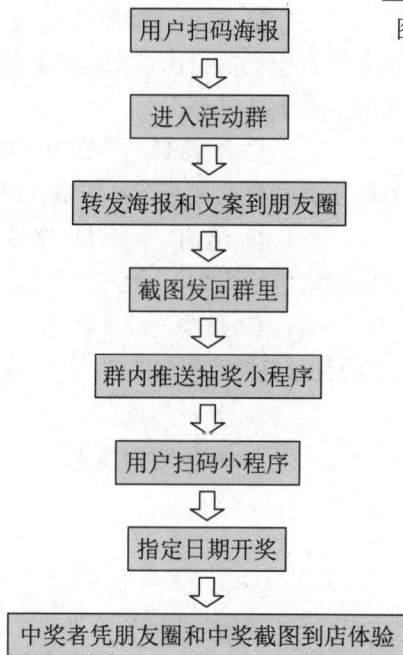

用户扫码海报
⇩
进入活动群
⇩
转发海报和文案到朋友圈
⇩
截图发回群里
⇩
群内推送抽奖小程序
⇩
用户扫码小程序
⇩
指定日期开奖
⇩
中奖者凭朋友圈和中奖截图到店体验

图5-11 用户参与的路径

4. 流量的留存和转化

1) 针对未中奖用户的转化

在公布中奖名单后，向未中奖的用户提供专属优惠：49元购买原价78元的自助餐券(约6.3折)。该方案既为用户提供意外福利(折扣率近40%)，又能保障餐厅微利，实现双赢。

2) 用户留存

活动结束时，工作人员将引导参与者添加企业微信客服，完成私域流量沉淀。虽然"私域流量"是近年提出的概念，但其本质(通过直接触达提升复购率)始终是有效的用户运营手段。

3) 裂变传播设计

用户可通过分享活动海报至朋友圈，解锁49元优惠券复购权限。此机制利用社交激励驱动二次传播，尽管转化率存在波动，但价格敏感型用户会主动参与分享。

课后练习

一、单选题

1. 社群活跃度不高，缺乏线上线下活动，需要特别考虑的社群运营KPI指标是( )。

A. 群活动频次   B. 转化率和复购率

C. 活动参与度   D. 用户新增量

2. 社群引入规则中，加入者要有一定的付出，根据社群性质完成一定的任务考核，过关后才能顺利入群。这种引入规则属于( )。

A. 邀请制   B. 任务制   C. 举荐制   D. 申请制

3. 社群复制裂变方法中的裂变奖励有三大法宝：干货、产品和( )。

A. 红包   B. 利益   C. 结构   D. 费用

4. 社群线上线下推广活动的步骤包括策划、筹备、宣传、执行和( )。

A. 复盘   B. 总结   C. 回顾   D. 分析

5. 社群线上线下推广活动中的复盘包括回顾与评估、( )、萃取与提炼、转化与应用。

A. 追求利润最大化   B. 分析与反思

C. 采用各种手段吸引用户   D. 减少营销投入

二、多选题

1. 以下可以引爆线下活动渠道的方式有( )。

A. 通过对线下活动的描述吸引线上报名

B. 通过与社群有关的KOL进行合作，引起他们转发

C. 通过与企事业单位合作，和他们一起进行线下活动

D. 在本地论坛和帖吧及各类活动App中曝光引流

2. 社群KOL的特质有( )。

A. 人格魅力   B. 知识储备   C. 风趣幽默   D. 能言善辩

3. 适合建设社群的平台有( )。

A. QQ   B. 微信   C. 钉钉   D. 微博

4. 邀请名人嘉宾参与线上线下社群活动的有效手段包括( )。

A. 通过新媒体   B. 主动为名人提供帮助

C. 通过邮件真诚邀请   D. 做出影响力，吸引别人主动加入

5. 社群运营线下活动场地寻找攻略包括(　　)。

A. 寻求身边的场地资源　　　　　B. 寻找免费场地

C. 选择平价收费场地　　　　　　D. 寻找公益组织活动场地

扫码自测

三、简答题

1. 引流社群客户的公共平台有哪些？公共平台引流社群客户的流程是什么？

2. 社群开展线上线下活动流程可以分为哪几个步骤？

3. 社群复制裂变的流程有哪些？

四、思考题

1. 请回答任务5.2"任务引导"中王平的疑问，并结合实际谈谈你对社群推广的必要性的认识。

2. 思考社群推广活动中线上线下活动的种类有哪些？并谈谈组织一场社群推广活动的重难点。

五、实操题

一同城读书会社群要策划一次线下活动。该社群成员主要为"90后"职场新人、同城在校大学生为主，其阅读偏好集中于心理学、管理学与社科类流行读物。请根据以上社群用户特点设计一个线下活动策划方案。

1. 策划书要体现完整的活动流程。

2. 针对特定群体和兴趣点进行设计。

3. 在表5-1进行组内的自评与互评。

表5-1　任务训练评分表

任务环节	工作内容	参与成员	自评分	小组评分

项目6　管理社群运营团队

📚 项目目标

知识目标：

1. 掌握社群团队设置的原则。

2. 了解不同时期的社群团队的设置。

3. 了解KPI的含义和使用方法。

技能目标：

1. 能制作社群介绍手册。

2. 能使用工具进行社群团队的日常管理。

3. 根据社团特点，制定相应的团队KPI。

素养目标：

1. 培养团队协作、管理的能力。

2. 培养公正处事的能力。

3. 培养成本意识。

◈ 思维导图

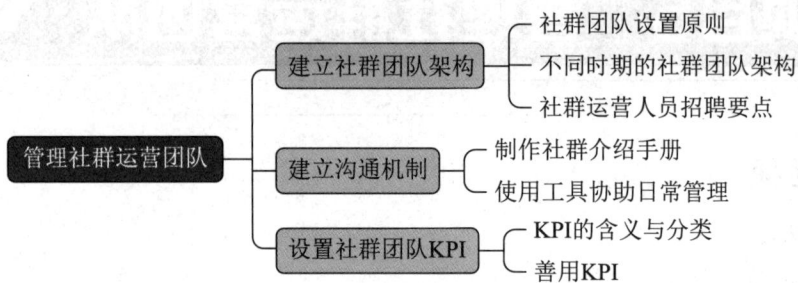

● 学到的知识

_____

_____

_____

● 掌握的技能

_____

_____

_____

● 提升的素养

_____

_____

_____

任务6.1 建立社群团队架构

任务引导

随着社群用户越来越多，王平独自管理日渐吃力。他准备招聘几名运营人员。但在了解市场上社群运营人员的工资水平后，王平又犯难了：一是社群事务繁杂，难以明确分工；二是市场人力成本超出预期。当前亟需设计科学的岗位架构。那么，王平应该怎么设置招聘岗位呢？

核心知识

1. 社群团队设置原则

在社群的成长和扩大过程中，优秀的管理团队和运营人员是不可或缺的。一个结构完善、运营高效的社群团队能够凭借优质的内容创作和活动组织，提升社群的活跃度和影响力，从而为整个社群带来可观收益。设置社群管理岗位的原则应是按需设岗、精简为主、权责分明。

搭建运营
团队构架

(1) 按需设岗指的是精确分析社群需求，基于社群的规模、活动类型、成员互动频率等因素，确定所需的管理岗位类型和数量。同时，随着社群的发展，管理团队的结构和人员配置需要保持灵活性，以适应不断变化的需求。

(2) 精简为主。由于社群收益具有难以把控、波动较大的特点，团队应保持精简并高效运作，以应对各类风险。根据实际运营情况，适时调整团队规模和岗位设置，保持团队高效运转。

(3) 权责分明。社群工作虽然繁杂且琐碎，但每个环节都紧密相连。因此，管理者在处理事务时应权责分明。首先，明确职责范围，确保每个管理岗位都有清晰、明确的职责描述，减少职责重叠，避免误解。其次，建立责任机制，每个岗位都应对其职责范围内的任务负责，确保问题可以迅速、有效地解决。最后，开展持续监督与评估，通过定期评估和反馈机制，确保每个成员都在其职责范围内发挥作用，并根据需要调整职责划分。

2. 不同时期的社群团队架构

根据社群在初创、发展、成熟这3个时期的不同需求和工作量，管理者通常可以选择3种组织架构。

(1) 初创时期团队架构在社群初创时期，一般设置群主和管理员两个岗位。由于社群刚刚成立，未来的发展尚不明朗，不宜设置过多人员。群主负责社群构建、管理、活动策划及价值内容输出；管理员则负责信息收集、整理、内容保管、日常活动执行、氛围维护以及成员疑问解答等工作。

(2) 发展时期团队架构进入发展阶段后，社群运营状况良好，"扩大社群体量，吸引新成员"成为社群的主要目标，内容输出成为社群管理团队的重要任务。此时，除了群主和管理员之外，还需要增设内容输出组和新媒体运营组。内容输出组负责制作符合社群要

求、社群价值的各类内容，包括日报、资料包、活动方案等。要注意的是，一个优秀的内容制作组不仅能自己产生社群价值，还能引导社群成员产出内容。新媒体运营组则负责多平台账号运营，通过优质内容和线上活动进行精准推广，吸引潜在用户加入。新媒体运营岗位对文案、设计、新媒体运营能力有较高要求，因为优秀的文案、海报、视频是吸引用户的有效工具。

(3) 成熟时期团队架构。当社群进入成熟期，社群成员数增加，社群影响力也增强了，和外部的合作也增多了，实现了商业增值，并且线上线下同步开展活动。此时，社群管理团队需要体现标准化和专业性采用"后勤管理+核心团队"的组织架构：后勤管理部门负责所有社群的相关事务，而核心团队重点负责单个社群的活动及运营。此时团队不是实际部门，而是虚拟组织，即一位成员可以参加多个团队，同时负责多个项目。后勤管理包含统筹部门、内容制作组、品牌部、大项目运营组、新媒体运营组；核心团队根据社群需要设置岗位，比如群主、群管理、外联人员、专属导师等。

⊛ 知识拓展

虚拟组织作为现代组织形式，依托信息技术(特别是互联网和云计算)，实现跨地域成员的远程协作。其核心特征在于高度灵活的去中心化管理结构，这种特性使其能快速响应市场变化并把握商业机遇。

这类组织通常采用项目驱动模式，即围绕特定目标临时组建团队。项目结束后，团队可解散或按新需求重组。这种动态调整机制使虚拟组织能高效调配资源，并灵活应对市场环境变化。

尽管虚拟组织在成本控制和资源配置方面优势显著，但也面临特殊挑战：缺乏面对面互动，可能削弱团队凝聚力，远程管理和绩效评估难度较高。因此，实施有效的领导与沟通策略是确保虚拟组织成功运营的关键因素。

3. 社群运营人员招聘要点

社群运营人员的招聘主要分为内部招募和外部招聘两种形式。外部招聘遵循常规招聘流程，而内部招募则是社群运营的独特优势，既能快速筛选优质人才，又可显著降低人力成本。在日常运营中，管理者可重点观察具备以下特质的活跃成员：专业能力突出、参与积极性高、乐于奉献且获得社群认可的用户，这类人群是理想的专职/兼职运营人选。

执行招聘时需严格参照社群人才选拔标准(见图6-1)，重点关注对应的4个核心维度。

(1) 专项技能优势，包括但不限于PPT制作、项目策划、社群管理等核心能力，形成技能互补的团队结构。

(2) 资源整合能力，具备人脉网络、活动资源或内容生产的能力。

(3) 团队协作素质，具备良好的沟通能力与协作精神，适应以人为核心的运营工作模式。

(4) 价值观契合度，成员与社群文化的高度契合是避免运营冲突、保障活动效果的基础。

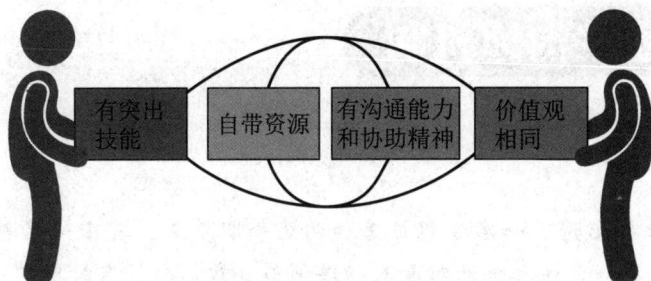

图6-1　社群人才招聘选拔标准

案例分析

"笑果文化"引发争议：脱口秀中的言论自由与社会责任

上海笑果文化传媒有限公司(以下简称笑果文化)成立于2014年，由一群热爱脱口秀的年轻人共同创立，曾一度在中国喜剧界掀起脱口秀热潮。然而，在2023年北京的一场演出中，出现了严重侮辱人民军队的情节。一位演员在脱口秀表演中为提升效果，擅自更改了原有台词，冒犯人民子弟兵。这一行为引起了现场观众和网友的强烈不满，并在互联网上遭到广泛谴责。最终，涉事演员被无限期停止演出工作，笑果文化被处以罚款，并吊销在京演出许可证。虽然这件事情结束了，但笑果文化的声誉受到了很大影响，部分观众自发抵制，笑果文化逐渐淡出了公众视野。

人民日报曾指出，"脱口莫脱轨，玩梗须有度"，强调在追求艺术表达和娱乐效果时，创作者应该牢记社会责任和职业底线。北京市文化和旅游局的处罚声明也明确表示："人民军队是守卫国家安全、守卫人民安宁的坚强卫士，我们绝不允许任何公司和个人在首都舞台肆意诋毁人民军队的光辉形象，绝不允许伤害广大人民群众对子弟兵的深厚感情，绝不允许把严肃题材娱乐化。"

这一事件，不仅影响了笑果文化的正常运行，还产生了极其恶劣的社会影响。该事件为行业敲响了警钟，警示管理者和从业者：在追求艺术创新与商业效益的同时，必须兼顾作品的社会价值导向。所以，企业及个人都应切实履行社会责任，特别是在人才选拔与培养过程中，既要考察专业能力，更要注重道德素养与价值观匹配。

思考：

1. 该事件发生的深层次原因是什么？
2. 如何避免此类事件的发生？

任务6.2　建立沟通机制

📑 任务引导

　　王平主管的社群招聘了一名专职员工和两名兼职员工，其中一名兼职员工在其他城市，只能在线上办公，无法参加面对面入职培训与日常例会，有时存在一定的沟通障碍。面对这种情况，王平应该怎么做好员工的日常沟通与管理呢？

◎ 核心知识

建立团队
沟通机制

1. 制作社群介绍手册

　　社群介绍手册包含社群简介、社群制度、社群构架3方面内容。它不仅是社群对外展示自己的窗口，也是塑造社群团队内部文化和加强团队凝聚力的重要工具。这份社群介绍手册能让团队运营成员迅速了解社群的形态、工作的框架和内容，帮助员工迅速适应工作岗位确保对外沟通话术和品牌形象的一致性，从而树立专业的社群形象。

　　(1) 社群简介包含了社群简介文案、社群标识、社群口号、社群创建背景、社群的目标愿景、社群创始人介绍、社群创始人寄语等内容。表6-1中具体描述了社群简介中各部分的内容。

表6-1　社群简介的内容

社群简介文案	文案是对社群基本信息的描述，包括社群的主要活动内容、兴趣领域、目标群体等。文案应简洁明了，同时能够引起目标受众的兴趣
社群标识	社群标识是社群身份的象征，是社群文化和理念的视觉表现。标识设计应简洁、易于识别，并与社群的主题和氛围相一致
社群口号	口号是社群精神的简洁表达。一个好的口号能激发成员的归属感和热情，同时向外界传递社群的核心价值观
社群创建背景	这部分介绍社群成立的缘由、背后的创立故事或是创始人的初衷，这部分内容有助于成员了解社群的起源和发展历程
社群的目标愿景	本部分描述社群的长期目标和愿景。这不仅是对未来的规划，更是指引成员行动方向的准则
社群创始人介绍	本部分提供关于社群创始人的信息，包括他们的背景、经验以及对社群做出的贡献。这部分内容有助于增加社群的可信度和吸引力
社群创始人寄语	本部分指出创始人对成员的鼓励和希望。这部分内容既是对社群成员的有效激励，更是社群核心文化与精神理念的具象化呈现

　　(2) 社群制度包括团队工作管理制度、团队考核制度、团队激励制度、运营管理制度、人员奖惩制度等方面。这与公司管理制度类似，但公司通常以部门和个别员工为考核对象，而社群大部分以团队整体为考核对象。

　　(3) 社群构架包括社群的组织架构、核心成员介绍、岗位工作手册、员工通讯录等内容。

2. 使用工具协助日常管理

1) 制定定期在线会议

有规律的沟通能够帮助运营团队及时反馈并解决工作问题，使管理员了解社群运营状态，促进各部门和团队互通消息，确保工作安排和进展的及时同步。在社群日常管理中，通过腾讯会议、钉钉会议等软件，可高效完成会议签到、预约、记录和复盘等全流程管理，从而显著提升会议效率。例如，腾讯会议自带会议纪要功能(见图6-2)。在线会议应指定主持人，严格把控会议议程，确保会议内容紧扣主题，避免会议流于形式。

图6-2　腾讯会议自带会议纪要功能

2) 建立共享日程表

共享日程表作为团队协作工具，能够有效帮助成员规划、协调及跟踪日程安排，尤其适用于多人协作场景。在社群运营工作中，该工具可协助管理者高效推进项目与活动：管理者可实时掌握项目进度、员工工作重点及空闲时段，从而优化沟通效率；同时，日程记录为月底、季度、年度绩效考核提供客观依据；通过标准化记录跨部门沟通内容，还能确保任务衔接的准确性。主流的共享日程表工具有WPS文档、微约日历及Microsoft Project等项目管理软件。

使用WPS进行文档共享的操作如下所述。

(1) 编辑好文档后，单击右侧菜单栏中的"分享"(见图6-3)。

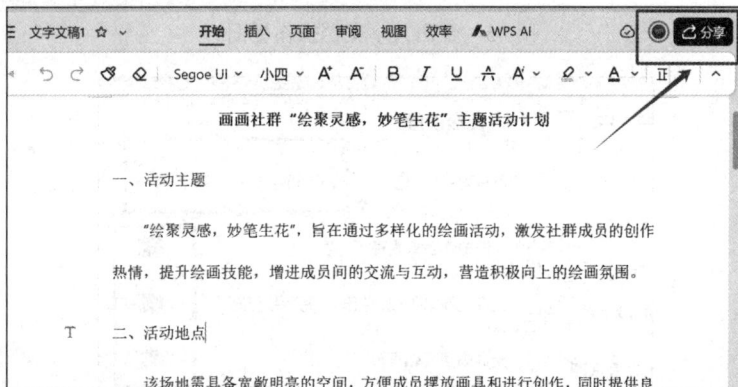

图6-3　金山共享文档操作界面1

(2) 在对话框中勾选分享权限后单击"创建分享"(见图6-4)。

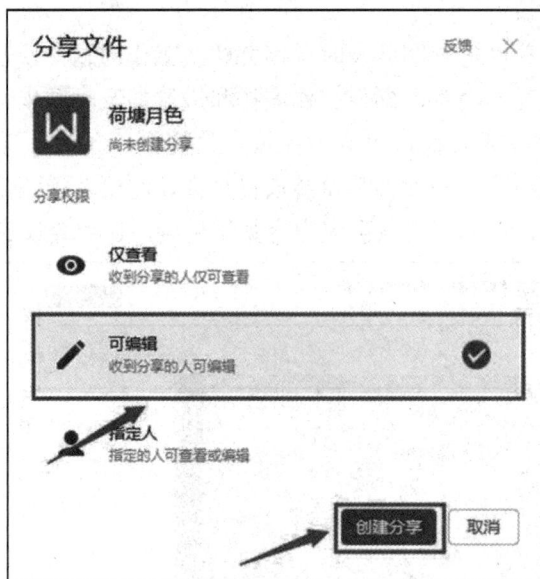

图6-4　金山共享文档操作界面2

(3) 在弹出的对话框中勾选"高级设置"(见图6-5)，即可设置共享时间和其他权限(见图6-6)。

图6-5　金山共享文档操作界面3

图6-6　金山共享文档操作界面4

3) 云存档重要资料

资料整理与存档工作至关重要，这些资料既承载着团队经验智慧，又能为未来活动举办和日常运营提供参考依据，建议采用云存档分类架构。云存档文件夹细分为以下类别：团队成员资料库、团队工作手册、内部素材库、嘉宾资源库、媒体资源库、活动资料库、活动总结归档、社群成员资料等。所有资料需根据受众属性设置差异化访问权限，其中社群成员资料作为核心资源应实行分级管理：高级管理者可查看全部资料，普通成员仅能查阅所属社群信息且禁止复制保存，涉及电话、地址等敏感信息需进行脱敏处理。可选择百度网盘、有道云协作等应用存储方案，大型社群建议搭建专属服务器或使用企业微信等管理软件，通过工作台集成第三方应用实现云存档功能。

案例分析

大理美友会：构建高效社群的运营与管理策略

大理美友会是一个专注于组织线下活动、收集和创作内容的美篇官方用户组织。它主要面向大理及周边地区的用户，旨在通过线下活动来收集创作素材，进而在线上进行加工创作，并分享作品以记录美好生活。以下是大理美友会的社群运营管理分享。

在社群管理方面，大理美友会采取了共享文档的方式，文档包含7个模块，这些模块包括进群必看、社群群规、社群数据、活动发布、活动美片、活动文章以及各种总结。所有内容都可供成员随时查阅和下载。

新加入大理美友会社群的成员必须阅读"进群必看"和"社群群规"，管理员会通过共享文档的浏览记录来确认他们是否已经阅读。此外，新成员还需学会操作腾讯共享文档、微信群"群待办"以及微信报名小程序等。

社群分为活动常设群和活动执行群。常设群是微信社群的主群，而活动执行群是为特定活动临时设立的群组，活动结束后解散。所有成员要遵守群规。

在社群管理共享文档中，建议将该文档设置为"⭐"标签，以便随时查看。文档包含了社群相关的所有信息，有助于新成员快速了解社群历史和活动情况。

社群还鼓励成员分享有价值的内容，但需遵守不大量刷屏和不在休息时间分享的规定。此外，大理美友会特别注重对内容的管理，要求所有内容都与美篇相关，且符合国家法律法规。

最后，大理美友会的社群进出自由，后期会根据成员在美篇上的活动情况建立相关的台账信息，包括活动台账、投稿台账和进出群信息等，以便更好地进行社群管理。

思考：

1. 大理美友会是怎么进行高效管理的？

2. 大理美友会社群的运营管理有哪些可以借鉴的方法？你将怎样进行管理迁移？

任务6.3　设置社群团队KPI

📰 任务引导

　　"好物种草群"在社群运营成员的共同努力下取得了巨大成功。随着一季度的结束，王平准备对每位员工进行考核并发放奖金。但由于社群中每个成员的工作内容、难度以及投入时间都不一样，很难平衡大家的工作量和贡献程度。王平犹豫是否要以同样的标准发放奖金。

◎ 核心知识

1. KPI的含义与分类

　　KPI(关键绩效指标)是一种广泛用于业务管理和评估的工具，用于衡量组织、团队或个人在达成业务目标和策略执行方面的成效和效率。它将企业的战略目标分解为可操作的工作目标，并逐级细分至各个部门及个人，成为评估员工工作绩效的重要依据。在不同的行业和组织中，KPI的选择和应用虽存在差异，但其核心价值在于提供明确的绩效衡量标准，助力组织实现战略和运营目标。

　　一般情况下，规模较小的社群因面临较多不确定性，不适宜设置个人KPI，而更适合设置小范围的团队KPI。对于成熟的社群，科学设置KPI能有效激励员工完成社群目标。

　　社群KPI通常分为结果导向型和过程导向型两类。结果导向型 KPI聚焦项目完成结果的评论，其评估指标包括用户新增量、转化率、复购率、活动参与度、活跃度、朋友圈点赞数等可量化数据。过程导向型 KPI则更关注业务执行方式与持续优化空间，其评估指标包括账号内容发布数、活动频次等过程导向型数据。

2. 善用KPI

　　在社群考核的时候，KPI不应单独使用，而应结合多个指标综合评估，同时，KPI的考核结果也不能完全决定运营者的全部成绩。社群有4个主要的考核指标(见图6-7)。

　　(1) 用户新增量。社群若长期缺乏新用户，其发展活力将受到显著制约。用户新增量的计算公式为：用户新增量 = 新增用户数-用户流失数。考核者需关注该指标的权重设置，若在绩效考核中占比过高，可能引发运营者为追求短期奖励而采取不当手段，例如引入大量低质量用户或具有"薅羊毛"行为的群体，此类行为长期来看将对社群生态造成负面影响。

图6-7　社群的主要考核指标

　　(2) 转化率和复购率。对已经实现商业转化的社群而言，转化率和复购率两个指标非常重要，但在应用时需注意时机把控与实施方式。对于初具商业化雏形的社群，若过早施加过重的转化考核压力，易导致过度推销，引起社群成员反感，甚至造成用户流失。因此，这两个指标应与用户满意度等体验型指标结合使用。

(3) 活跃度与活动参与度。这两个指标共同反映了社群成员对社群活动的认可度和参与度，是衡量社群运营质量的重要指标。需注意的是，不同类型活动的参与度存在显著差异——部分高门槛、强专业性的线下活动虽因场地限制人数较少，但其产生的长期影响力与行业示范效应往往超出预期。基于此，活动参与度指标在实际应用中应更多作为趋势参考，而非绝对考核标准。

(4) 活动频次。活动频次作为社群运营的关键过程指标，对其评估需结合社群定位、用户需求及运营目标。活动频次是过程导向型指标，过程导向型指标设置的核心目的在于激励运营团队增加与成员的互动频次，通过高频次的有效沟通促进用户活跃度提升。但需注意的是，社群运营不能陷入对活动频率的盲目追求——过高频次安排活动，一方面可能导致单场活动质量因资源分散而下降，另一方面可能因过度占用用户时间引发其抵触情绪，最终背离提升活跃度的初衷。

过度依赖单一的KPI体系可能引发运营失衡，因此需建立科学评估机制并实施动态优化。所谓科学评估机制，是指社群KPI不应沿袭传统企业自上而下的指令性模式，亦不可简单套用标准化考核框架。社群作为高度动态化的人际网络，其成员结构呈现快速迭代特征，且内容创新具有强个性化属性，这要求考核体系必须兼顾组织目标与成员自主性。社群KPI的设定应由管理层和运营者共同商讨完成，这样既能确保战略传导有效性，又能激发一线运营者的创新动能，形成"指标牵引—自主创新—价值共创"的良性循环。

案例分析

社群运营KPI考核案例：健康生活社区

【背景】

社群名称：健康生活社区

社群目标：推广健康生活方式，提高社群成员的健康意识，加强社区凝聚力。

【KPI设置】

1. 成员增长率

目标：确保每月增长率不低于10%。

测量方式：通过比较月初和月末的成员总数来评估。

2. 成员活跃度

目标：每日活跃用户比例达到50%。

测量方式：通过监测每日活跃用户(发帖、评论、点赞)占总成员的比例来衡量。

3. 内容质量

目标：每周至少发布5篇高质量的文章或帖子。

测量方式：通过监测发布的内容数量及用户互动(如点赞、评论数量)来评估。

4. 活动参与度

目标：每月至少举办一次线上或线下活动，参与率达到60%。

测量方式：通过统计活动参与人数与社群总人数的比例来衡量。

5. 用户反馈满意度

目标：每季度进行一次用户满意度调查，满意度达到80%。

测量方式：通过在线调查或反馈表收集数据，计算满意度百分比。

【考核实施】

每月末对KPI进行评估，包括数据收集和分析。

根据KPI结果调整运营策略，例如内容创作方向、活动策划等。

对未达标指标进行原因分析，制定改进措施。

定期组织团队会议，分享最佳实践，鼓励团队成员相互学习。

通过这种KPI考核方式，健康生活社区能够持续监测和提升其运营效果，确保社群目标的实现，并促进社群的健康发展。

思考：

你认为这个考核方式的优点和缺点有哪些？

课后练习

一、单选题

1. 社群运营的主要目的是什么？（　　）

A. 销售产品　　　　B. 增强品牌知名度　C. 建立用户社区　　　D. 收集用户反馈

2. KPI的中文释意是什么？（　　）

A. 关键绩效指示器　B. 关键绩效指标　　C. 关键管理指标　　　D. 关键业务指标正确

3. 在社群运营中，下列哪项不是有效提高用户活跃度的方法？（　　）

A. 定期发布高质量内容　　　　　　B. 举办线上线下活动

C. 限制新成员加入　　　　　　　　D. 鼓励用户互动

4. 社群管理的原则之一是什么？（　　）

A. 人员多元化　　　B. 按需分配　　　　C. 高频交流　　　　　D. 强制性任务

5. 成员增长率的计算公式是什么？（　　）

A. (期末成员数 − 期初成员数)/ 期初成员数

B. 期末成员数 / 期初成员数

C. (期末成员数 − 期初成员数)× 100%

D. 期初成员数 / 期末成员

6. 社群运营中"精简为主"的原则意味着什么？（　　）

A. 减少社群活动　　　　　　　　　B. 减少成员数量

C. 明确职责，避免岗位重叠　　　　D. 限制内容发布

7. 社群中的用户反馈通常通过哪种方式收集？（　　）

A. 内部会议　　　　B. 竞争对手分析　　C. 在线调查　　　　　D. 产品销售数据

二、 多选题

1. 社群运营中有效提高成员活跃度的方法包括哪些？ (　　)

A. 定期举办活动　　　　　　　　　　B. 推广销售信息

B. 发布有价值的内容　　　　　　　　D. 鼓励成员互动

2. 社群管理的原则包括哪些？ (　　)

A. 按需分配　　　　B. 精简为主　　　　C. 权责分明　　　　D. 高频交流

3. 社群团队运营中，常见的工作工具包括哪些？ (　　)

A. 共享日程表　　　　B. 群助手　　　　C. 电子邮件　　　　D. 财务管理软件

4. 在设置社群KPI时，应考虑哪些因素？ (　　)

A. 社群规模　　　　B. 成员活跃度　　　　C. 成员性格　　　　D. 营销预算

5. 建立有效的社群沟通机制可以采用哪些方法？ (　　)

A. 定期线上会议　　　　B. 社群介绍手册　　　　C. 实时消息通讯　　　　D. 共享工作文档

扫码自测

三、简答题

1. 简述社群运营中"精简为主"的原则应该如何实施。

2. 如何利用KPI来提高社群运营的效率？

3. 简述在社群运营中建立有效沟通机制的重要性。

四、操作题

1. 3~5位同学组成一个团队，持续运营社群，并为自己的社群制作一份"社群介绍手册"。

2. 试着为团队设置一份社群KPI。

3. 在表6-2进行组内的自评与互评。

表6-2　任务训练评分表

任务环节	工作内容	参与成员	自评分	小组评分

项目7　实现商业增值

🎴 项目目标

知识目标：

1. 了解社群会员增值、知识增值、商品增值、广告增值的概念。

2. 区分社群会员体系的差异。

3. 熟悉商品增值流程。

4. 了解知识增值的商业模式。

技能目标：

1. 理解社群会员的付费价值和定价策略。

2. 能够运用会员增值的方法。

3. 能够通过社群运营提高会员的归属感和黏性。

素养目标：

1. 了解团队是个人价值的源泉，从而培养团队合作精神，提升团队协作能力。

2. 了解商业增值的社会价值。

3. 培养创新能力与直播组织能力。

思维导图

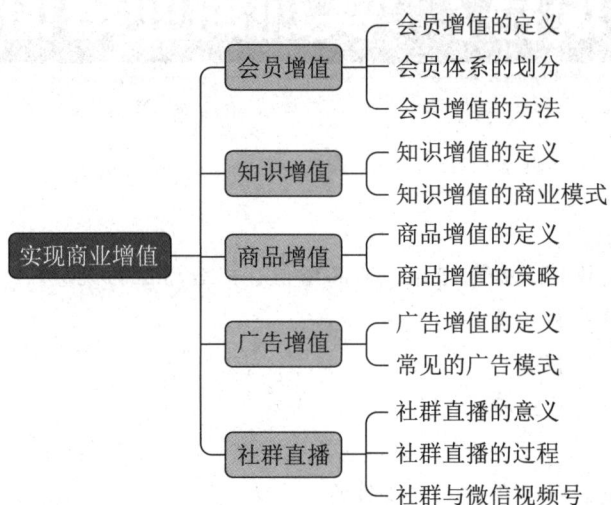

● 学到的知识

_____

_____

_____

● 掌握的技能

_____

_____

_____

● 提升的素养

_____

_____

_____

任务7.1　会员增值

任务引导

张新毕业后进入北京的一家信息公司，负责管理"得到"App内的会员服务。在工作中，他逐渐发现"得到"App会员可以通过购买课程、订阅专栏、参与线下活动等方式获取知识和积累经验。那么，"得到"App是如何实现社群会员增值的呢？

核心知识

1. 会员增值的定义

会员增值是指通过社群平台或社群运营，将社群会员的参与转化为经济收益的过程。

会员付费是指会员制服务收费，是社群为群内会员提供多种服务而收取的费用。很多资源类、咨询类社群采用会员增值模式，当然，购物类社群也会采用这种模式，比如提供创业服务的"黑马营社群"、提供美妆健康服务的"美康鲸选"。

一个优质的会员收费模式依赖于运营者精心构建的会员体系，这包括权益体系、成长体系、激励体系、管理体系的综合运用。会员体系能够根据用户愿意付费购买的权益，对用户进行分层，实现精细化运营。

2. 会员体系的划分

根据社群的特点，我们可以从不同的层面对会员体系进行划分。

(1) 按照是否付费划分，会员体系可以分为免费用户和付费用户。通常用户通过入群或注册就可以成为免费用户。他们可以在社群中获取部分公开的资料，或者通过完成一些任务，比如转发相关信息、浏览相关网页，来获得更高的权限。等到用户有购买意愿后，他们逐步转化付费用户。付费用户，是通过付费获得相关等级权限的会员类型，比如罗辑思维的会员费用从最初的199元/年涨到328元/年。喜马拉雅则提供儿童VIP(贵宾)、普通VIP会员套餐和联合会员套餐等多种选择。

(2) 按照是否设置成长体系，会员体系可以分为无差别会员与等级会员。无差别会员指所有会员享有的权益一样，一加入即可享受统一的待遇。等级会员指的是会员根据付费金额、加入时间、任务完成度的不同，被划分为不同等级，享受差异化的个性化待遇。

3. 会员增值的方法

随着互联网的发展和普及，会员增值成为很多社群的重要盈利途径。常见的会员增值的方法主要包括以下几种。

(1) 会员等级制度。会员等级制度是一种常见的会员增值方法。社群根据用户的消费行为、积分或其他指标，将用户分为不同的会员等级，不同等级的会员享受不同的权益和服务。通常，较高级别的会员通常需要支付更高的会员费用，从而帮助社群实现收入的增长。

(2) 会员专属优惠。为了吸引用户注册成为会员，社群可以提供会员专属的优惠活动。这些优惠包括商品折扣、积分返还、运费减免等。提供这些独特的优惠可以增加用户的消费欲望，进而提高收入。

(3) 会员积分兑换。许多社群设有积分系统，会员通过购物或其他活动获得积分。积分可以用于兑换商品、优惠券或其他权益。会员积分兑换不仅可以增加用户的黏性，还可以吸引用户不断参与消费活动，从而达到盈利的目的。

(4) 会员专属活动。会员专属活动是一种能够增加会员参与度的手段。社群可以定期举办会员专属的线上或线下活动，例如限时抢购、会员日、会员专场等。这些活动可以提高会员的购买欲望，促进消费。

(5) 会员权益扩展。为了吸引更多用户成为会员，一些社群会不断拓展会员的权益。除了常见的优惠和折扣，一些社群还提供会员专属服务，如快速配送、专属客服等。通过提供独特的权益，平台可以吸引更多用户成为会员，从而推动收入的增长。

(6) 会员推广计划。会员推广计划是一种通过会员推荐新用户来增加收入的方式。平台可以设定一定的奖励机制，当会员成功邀请新用户加入时，会员可以获得一定的奖励或提成。通过会员的口碑传播和推广，平台可以吸引更多新用户加入，并获得更多收入。

(7) 会员定制服务。为了满足会员的个性化需求，一些社群提供会员定制服务。会员可以根据自己的需求定制商品、服务或体验。这种定制化的服务不仅可以增加会员的满意度，还可以吸引更多用户成为会员。

总而言之，会员增值是通过提供特殊的权益或服务来吸引用户成为会员，并通过会员费用或其他方式获取收入的手段。会员等级制度、会员专属优惠、会员积分兑换、会员专属活动、会员权益扩展、会员推广计划和会员定制服务都是常见的会员增值方法。社群可以根据自身情况和用户需求，选择合适的增值方法，以提高用户的参与度和付费意愿，从而实现收入的增长。

任务7.2　知识增值

任务引导

小兰是一位全职妈妈，有着丰富的育儿经验和知识，并且一直对写作和分享感兴趣。孩子长大后，她决定利用自己的知识运营自媒体，小兰将如何通过写作和自媒体运营实现知识增值呢？

核心知识

1. 知识增值的定义

知识增值是指将个人或组织拥有的知识、技能、经验等有价值的资源转化为经济价值的过程。通过对知识进行整理、加工、包装，并通过各种形式进行销售或提供付费服务，实现知识的增值。知识增值可以通过线上平台、线下培训、咨询服务、出版物等方式进行，旨在让知识的提供者能够获得经济回报，同时满足知识需求者的学习和成长需求。

推行知识
增值

案例分析

得到新商学

得到新商学于2024年"时间的朋友"跨年演讲上正式发布。它是一个专注于商业课程学习的平台，旨在传授商业经营相关的知识。该App提供很多网络直播课程，可供用户随时进行线上学习。

课程亮点

- 提供与业界专家一对一的在线互动学习机会，快速提升商业技能。
- 独家定制课程内容，根据用户的需求提供个性化学习路径。
- 将理论与实践相结合，助力用户更有效地应用知识。
- 高清视频，内容精炼且易于理解，容易提高学习效果。
- 丰富的商业案例分析，帮助用户深入理解商业运作的核心要素。
- 互动式学习社区，有机会与同行交流，分享心得，扩展人脉。
- 学习进度可随时保存，实现随时随地学习，无时间和地点限制。
- 智能推荐学习资源，根据用户的学习习惯，提供个性化学习建议。
- 提供丰富的在线学习工具，如笔记、问答、打卡等，帮助用户更好地整理知识。

思考：

1. 你周围有哪些类似的知识增值平台？它为你提供了什么价值？
2. 你对得到App是否感兴趣？为什么？

---

2. 知识增值的商业模式

知识增值的商业模式包括课程、问答、图书出版三大类。

1) 课程

从线下到线上，从录播课到直播课，课程是知识增值的主要途径。在哔哩哔哩、网易云课程、喜马拉雅、腾讯课堂等平台，大量的公司和个人制作的课程正在销售。

按照课程形式不同，可以分为图文结合、音频、视频等课程。

图文结合的课程将知识细化、碎片化，拆分成多个知识点，通常以300~500字图文呈现，使学员能在5分钟内学完一个知识点。

音频课程通常控制在10~20分钟，通过演讲者的配音、语速、情感来传递知识。这种形式在第三代通信技术时代较受欢迎，有着占用存储空间小、下载方便、可与线下课程一同录制的特点，但随着5G时代的到来，互联网迅速发展，视频课程逐渐取代了大部分音频课程。现在音频课程主要服务于上班族、学生，利用上下班交通时间进行碎片化学习。

视频课程是现在最受欢迎的形式，通常3~10分钟，能够生动地介绍各个知识点。随着长短视频网站的发展，视频模式更加符合现代人的学习习惯，但其制作成本也相对较高。现在，较完整、较高端的课程内容配置包括主视频、学习笔记、答疑板块、用户满意度调研。根据用户的不同，课程可以分为B端(企业)和C端(个人)。B端课程会根据企业实际情况进行调整或者专门定制，具有较强的针对性。而针对C端(个人客户)的课程，形式相对固定，除了常规课程迭代外，不会专门更新。

2) 问答

在此模式下，社群主要通过社群内专业人士回答问题的方式来收取费用。比如，常见的法律咨询社群、网上寻医问诊社群、电脑知识咨询群等。一般按时间或者问答次数收费。

在问答模式社群运营中，要注意以下几个关键点。一是回答问题的专家作为核心资源，是与社群深度绑定的，如果专家是外聘的，合作结束后可能导致客户流失。二是专家要有真才实学，能为社群提供一定内容资源，从而在社群建立起专家威望。三是项目应明确标价，回答问题应厘清规则。由于问答的价值评估较为主观，且服务效果难以预测，处理不当会引起群成员的不满和退款，进而影响其他群友的购买意愿。

3) 图书出版

根据社群用户的需求整理、编写相关图书，同时通过出版社的销售继续扩大社群品牌的影响力。社群出版的书籍可以按内容形成系列。购买的用户如果对书中的内容认可，就会继续购买该系列其他图书。

🛡 知识拓展

知识提炼

知识提炼是将知识从原始、杂乱、不完整的状态中提炼出来，通过整理、加工，以便更好地理解和应用。这一过程包括对知识进行筛选、归纳、总结、抽象等操作，以提取出知识的核心要点和重要信息。通过知识提炼，复杂的知识可以被转化为更简洁、易于理解和应用的形式，使其更具有实用性和可操作性。

知识提炼的过程通常包括以下几个步骤。

第一步，筛选，从大量信息中筛选出与目标相关的内容，去除无关信息。

第二步，归纳，将筛选出的信息进行分类整理，找出共性和规律。

第三步，总结，提炼核心要点和关键观点。

第四步，抽象，将总结的信息抽象化，提取出普遍适用的原则和规则。

第五步，精炼，精炼和简化抽象的信息，使其简洁明了。

第六步，应用，将提炼的知识应用到实际问题中，以解决挑战或提供建议。

任务7.3　商品增值

📑 任务引导

　　王平的"好物种草群"逐渐推出了一批爆款产品，用户需求巨大。虽然商品增值策略多种多样，但如果选择不当就可能影响用户对社群的信任。针对自己的社群，如何精准选择适合的商品增值策略呢？需要注意哪些事项？

⊚ 核心知识

1. 商品增值的定义

　　社群商品增值是指通过社群运营的方式，将社群内的商品或服务转化为经济价值的过程。在社群中，通过提供有价值的商品或服务，吸引用户的关注和参与，并通过销售商品或提供服务来实现盈利。社群商品增值可以通过多种方式实现，例如在社群中销售实体商品、提供付费服务、推广合作品牌等。通过社群商品增值，社群的用户和资源可以转化为经济效益，从而实现社群的商业化运营。同时，社群用户的信息二次传播能吸引更多的潜在用户加入社群，这个就是客户自循环理论(见图7-1)。

图7-1　客户自循环理论

2. 商品增值的策略

　　社群商品增值的策略可以根据不同的社群特点和用户需求进行灵活选择，以下是一些常见的策略。

　　(1) 付费内容。提供高质量的付费内容，如专栏文章、视频课程、电子书等，吸引用户购买会员或付费阅读，实现内容增值。

　　(2) KOL(关键意见领袖)合作推广。与知名KOL或行业专家合作推广产品或服务，借助社群的影响力和用户信任来实现商品增值。

　　(3) 社群活动。举办线下或线上的社群活动，如讲座、培训班、沙龙、峰会等，通过门票销售或赞助商合作来获得收益。

　　(4) 社群品牌授权。打造自己的品牌形象，并与其他品牌进行合作，通过品牌授权费或销售提成来实现商品增值。

　　(5) 会员服务。提供高级会员服务，如专属权益、个性化服务等，吸引用户购买会员，实现会员服务增值。

　　(6) 广告增值。在社群平台上投放品牌广告、推广活动广告等，通过收取广告费或分成获得收益。

　　(7) 社群赞助。与行业内的品牌或企业合作，获得赞助费用或资源支持。

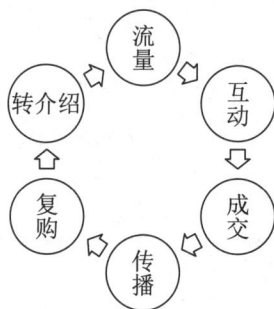

推行商品
变现

案例分析

喜扣商城

喜扣商城App(见图7-2)于2019年8月上线，是一个社交电商App(手机应用程序)，包括日用百货、美妆个护、服饰鞋包、家居家纺、食品水果等。它是一个以个性定制为主题的社群电商平台，通过社群运营和产品定制，成功实现了社群商品增值。

喜扣商城App特色

- 与多家电商企业有合作关系，直接从源头进货，保证产品的质量。
- 经常提供多种福利，不仅有大量的大额优惠券，还有海量低价好物。
- 这里有专业买手为您贴心服务，享受送货上门的便利。

喜扣商城App亮点

- 平台提供超多内部高额优惠券，用户可在下单前领取，付款时可直接享受立减低价。
- 线上活动丰富，定期推出多种优惠，更多超高性价比好物，等您来选。
- 在这里买到的每款商品都有返利，邀请好友加入还可以永久获得别人的返利奖励。

图7-2 喜扣商城App界面

思考：

1. 对比其他线上商城，喜扣商城的优势体现在哪里？

2. 喜扣商城运用了社群商品增值中的哪些策略？

任务7.4 广告增值

任务引导

王平发现除了产品增值外，还可以通过发布广告的方式实现社群增值。因此，他向主管汇报了一个关于社群广告增值的建议。但在正式启动广告增值项目前，张组长让王平了解一下广告增值的模式主要包括哪些？

核心知识

推行广告增值

1. 广告增值的定义

社群广告增值，也叫流量增值，就是通过在社群内发布广告的方式增加收入。一般来说，社群广告有两种模式：一种是替合作方发布广告，把社群当做发布广告的渠道，收取广告费；一种是代理产品，通过在社群内发布产品广告，收取佣金。在社群内发布广告时要注意两点：一是要注意产品质量，最好亲自试用；二是要注意控制广告频率，以免打扰群友。

2. 常见的广告模式

常见的广告模式主要有按次收费、利润分成、冠名。

1) 按次收费

按次收费是指社群运营者在一段时间内单次推送或连续推送某产品或者某活动，并收取单次费用。这类广告一般会由广告需求方委托给合作营销机构，并逐级分发。因此社群运营者需要和广告代理商保持良好沟通。

2) 利润分成

利润分成是指广告需求方和社群运营者分享广告收益，在这类广告链接里一般可以直接购买产品和服务。这种合作优势在于广告方能避免风险，同时获得收益；而在销售较好的状况下，社群运营者也能获得较高的收益。

在具体操作上，利润分成模式分为抽成和返现两种。例如，在抽成模式下，社群渠道每售出一件价值100元的产品，厂商提供5%的抽成佣金，即5元。而在返现模式中，厂商规定社群销售50件产品后，厂商提供3%的返现；销售数量超过50件但未达到100件时，对于第51件至第100件产品给予5%的返现；销售超过100件后，从第101件产品开始提供6%的返现。在抽成模式中，广告需求方和社群运营方需要深入分析双方用户属性的相似性，并在尝试投放一两次广告后，再决定是否进行长期合作。由于抽成模式需要较长时间才能实现良好的销售，因此长期合作对于双方都很重要。这种合作效果显著，但选择合作伙伴时需要谨慎。例如，一个绘画社群在推荐某品牌画图纸时，需要精心挑选产品，然后推荐群成员使用。如果使用体验良好，社群成员可能会在社群内长期购买，享受更大的优惠。当大量用户长期购买后，画图纸商家和社群都能获得可观的利润。

3) 冠名

冠名是指由一家或者多家广告需求商买断全部广告内容，确保社群里只能推送该平台的广告。这种广告模式需要社群成员认可冠名方的公司品牌、产品、营销方式、价值观等。对于广告方而言，由于这类广告的费用较高，社群需要为冠名方获取足够的利润。因此部分被冠名的社群，会由冠名方直接运营。例如蔚来汽车高尔夫社群就是一个被冠名的社群。蔚来汽车公司负责提供社群活动资金，该社群内的广告信息也都与蔚来汽车相关产品有关。此外，一些电影观影社群的出资方是明星粉丝团体。他们为社群成员提供该明星主演电影的优惠票或免费票，并安排观影活动，而社群成员需要对此类电影给出好评。

对于社群广告，运营者要考虑以下三方面。第一，社群广告是否被社群成员所需要，社群成员是否关注此类产品。如果社群用户对产品不感兴趣，随着广告数量的增加，社群成员的反感情绪就会提高。第二，社群广告是否能够为社群成员带来优惠。例如，在绘画群中推广的绘画用纸，如果社群里的价格比其他渠道的价格更高，这可能会让社群成员感到社群并未从他们的切身利益出发，从而降低社群用户的黏性。相反，当社群价格低于其他渠道的价格时，社群成员则会感受到在社群中获得了自己的成员权益。第三，对于那些旁观的社群成员，他们是否感受到自己得到了额外的好处。比如，某文化社群举办了线下踏青活动，这些活动费用来自广告费。这种情况下，社群运营者要明确告知社群成员："感谢某某品牌的赞助，我们才有机会举办这样的活动，以后还会有第二期、第三期活动。"这样，普通群成员更容易接受这类广告，不会产生离开社群的想法。同时，也可在发布广告前发放红包，发布广告后发布精品内容，两者相互配合，以达到最佳效果。

任务7.5 社群直播

📑 任务引导

通过学习，王平了解到社群会员增值、社群知识增值、社群商品增值、社群广告增值4种增值方式，并且发现了社群直播的商业价值。应该如何将社群与直播结合起来呢？

◎ 核心知识

[二维码]

社群直播
组合出击

1. 社群直播的意义

社群具有强私域属性。直播是一种能够快速增值的模式。通过社群将优质顾客导入直播间，并通过直播间提升用户体验、增加用户黏性、吸引用户下单，最终通过社群提升用户满意度，构建一个完美的营销闭环。

> **小案例**
>
> 建新宠物医院计划在"双12"当天做一次直播活动。为此他们计划以猫狗粮和疫苗作为主要销售产品，并准备了一些猫条、狗玩具作为加群礼物。通过线下门店和医生的朋友圈宣传，成功吸引了很多宠物饲养者进入建新宠物社群，社群运营者经常在群里回答一些专业问题，同时给"双12"直播造势，告诉大家"双12"直播期间有抽奖、红包活动，有皇家、渴望等品牌入驻宣传活动，并说明不同的产品适合不同类型的宠物。群名也改为"双12建新宠物直播"。"双12"当天，群主通过一些游戏和优惠券进行预热，并不断提醒大家直播将在8点开始。直播开始后，社群工作人员在群内答疑，确保社群成员的注意力集中在直播间上。直播结束后，社群管理员会在群里发一些产品使用期限说明、退换货说明以及晒单抽奖活动，并将群名改为"建新宠物群"。在接下来的日子里，社群管理员在群里发一些健康小提醒，邀请群友分享养宠物经验，讨论产品使用情况，并在合适的时间为下次活动造势。

2. 社群直播的过程

社群直播一般需要经历4个阶段：筹备期、预热期、社群转化期和收尾期。

1) 筹备期

为了有效开展直播活动，需要选择宣传的渠道、配置参加活动的人员、准备推广物料。

2) 预热期

社群正式成立后，线上线下渠道的引流工作显得尤为重要。通过线下门店展示、线上微博推广等多种方式，让社群的曝光度有效提升。与此同时，要重视社群成员留存工作，可以通过答疑、日常提醒等方式增强社群的黏性，有效提升用户的留存率。

3) 社群转化期

直播正式开启后，进入社群转化的关键时期。直播过程中，通过提供高质量的内容、实时互动、解答疑问等方式，加深观众对直播内容的理解，激发他们的兴趣。利用直播间的购物链接、优惠券、限时折扣引导观众进行购买。同时，鼓励社群成员分享直播内容，利用口碑传播扩大影响力。直播结束后，及时整理直播的亮点、收获与反馈，并通过社群发布。

4) 收尾期

在收尾期，社群专注于用户后期管理。一方面，针对错过活动的用户推出二次购买链接，让他们能够以较为优惠的价格买到心仪的产品，从而提升用户满意度与忠诚度。另一方面，通过问卷调查、一对一沟通等方式深入了解顾客需求，以便后期更加精准地开展活动。这样的收尾工作不仅有助于巩固社群成果，更为未来的社群运营奠定了坚实的基础。

3. 社群与微信视频号

微信是一个典型的私域平台，其视频号与社群营销之间存在着天然的契合点。微信视频号具有强大的内容传播能力和直观的表现形式，能够迅速吸引用户的注意力并激发其兴趣。而社群营销则侧重于建立品牌与用户之间的深度联系，通过持续的互动和交流增强用户的忠诚度。将这两者相结合，可以充分发挥视频号的内容吸引力，同时借助社群的高黏性和互动性，实现品牌影响力的扩大和销售的转化。

此外，微信视频号作为微信生态系统的一部分，与社群营销在用户资源和数据上实现了无缝对接。视频号的内容可以轻松地分享至社群，而社群中的用户也可以通过视频号获取更多关于品牌的信息。这种紧密的联动不仅提升了用户体验，还为品牌创造了更多与用户接触的机会，使得社群营销的效果得以最大化。

开阔眼界

社群增值中如何平衡用户体验和商业利益

在社群增值中，平衡用户体验和商业利益是非常重要的，以下提供了一些策略和方法。

1. 提供价值

社群会员应该享受到独特、有价值的内容和服务，如专家讲座、技能培训、一对一咨询、独家折扣等。会员付费物有所值的关键是所提供内容和服务能够满足会员的需求，并且比他们在其他渠道上获得的价格低。

2. 参考竞争对手定价

竞争对手的定价策略是确定自己社群会员定价的重要参考。比较不同社群的会员费用和提供的价值，找到一个相对合理的定价范围。

3. 了解目标用户群体

了解目标用户群体的消费能力和消费习惯，以及他们对社群会员权益的需求。根据目标用户的特点，确定一个能够吸引他们并且他们愿意支付的价格。

4. 试错和反馈

初期可以尝试不同的定价策略，并通过用户反馈和数据分析来评估定价的合理性。可以进行一些市场测试，观察用户的反应和转化率，根据结果进行相应的调整。

5. 提供附加价值

除了基本的会员权益外，可以考虑提供一些附加价值，如独家活动、个性化服务等，以提升会员的付费意愿。同时，与其他社群进行差异化竞争，提供独特的内容和服务，使会员觉得付费是有价值的。

课后练习

一、单选题

1. 在知识增值的商业模式中，视频是现在最受欢迎的形式，(   )分钟时长的视频，将一个个知识点生动地展示出来。

A. 3~10　　　　　　B. 8~15　　　　　　C. 10~15　　　　　　D. 10~20

2. 除了基本的会员权益外，可以考虑提供一些(   )，如独家活动、个性化服务等，以增加会员的付费意愿。

A. 咨询服务　　　　B. 定期沟通　　　　C. 附加价值　　　　D. 价格优惠

3. 按照是否设置成长体系，可以分为(   )与等级会员。

A. 无差会员　　　　B. 付费会员　　　　C. 特定会员　　　　D. 社群会员

4. (   )是将知识从原始的、杂乱的、不完整的状态中整理、加工和提炼，以便更好地理解和应用。

A. 商品增值　　　　B. 知识增值　　　　C. 图书出版　　　　D. 知识提炼

二、多选题

1. 知识提炼的过程通常包括筛选、归纳、总结、(   )。

A. 抽象　　　　　　B. 精炼　　　　　　C. 应用　　　　　　D. 创新

2. 社群运营中，常见的广告模式包括(   )。

A. 按次收费　　　　B. 利润分成　　　　C. 冠名合作　　　　D. 创意入股

3. 知识增值的商业模式一般有(   )。

A. 课程　　　　　　B. 咨询　　　　　　C. 问答　　　　　　D. 图书出版

扫码自测

三、简答题

　　1. 请简述会员增值的方法。

　　2. 请简述社群商品增值的策略。

　　3. 社群增值中如何平衡用户体验和商业利益？

四、思考题

　　1. 社群运营中如何提高会员的归属感和黏性？

　　2. 如何确定社群会员的付费价值和定价策略？

五、实操题

　　1. 3~5位同学组成一个团队，持续运营社群，创建自己的直播账号或者寻找需要推广的直播账号，制定社群直播方案，制作吸引人的直播内容，从而有效推广社群相关的商品。

　　2. 在表7-1进行组内的自评与互评。

表7-1　任务训练评分表

任务环节	工作内容	参与成员	自评分	小组评分

项目8 分析社群数据

🗔 项目目标

知识目标：

1. 了解数据分析及社群数据分析的概念。

2. 了解社群分析数据的作用。

3. 熟悉社群数据分析的流程。

4. 了解常见的社群数据项目及注意事项。

技能目标：

1. 能够根据数据分析模型分析社群数据。

2. 能够运用常见的社群数据分析方法。

素养目标：

1. 培养团队合作精神，提升团队协作能力。

2. 了解数据分析的应用价值。

3. 培养数据分析能力。

思维导图

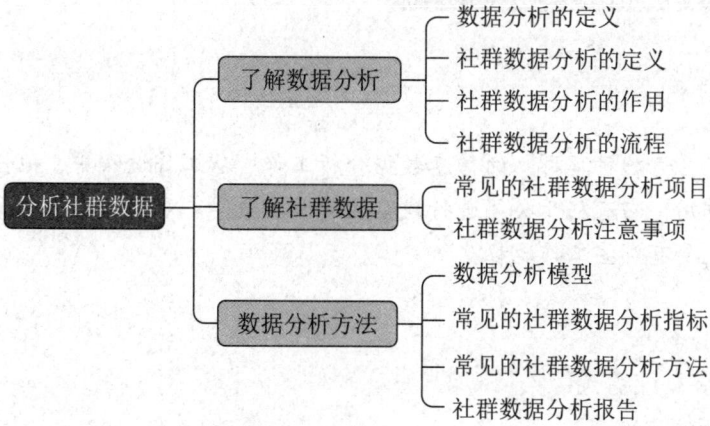

● 学到的知识

_____

_____

_____

● 掌握的技能

_____

_____

_____

● 提升的素养

_____

_____

_____

任务8.1　了解数据分析

📖 任务引导

　　王平开始了"好物种草群"的信息数据分析工作。从工作过程中，他慢慢发现数据分析具有很大的作用，它有利于公司进行战略运营及决策等。那么，王平是如何进行社群数据分析的呢？主要有哪些工作流程？

◎ 核心知识

1. 数据分析的定义

　　数据分析是指对大量数据进行收集、处理、转换和挖掘，以发现数据中的规律、趋势和关联性，为决策提供支持和指导的过程。这一过程涵盖了数据预处理、数据建模、数据可视化、数据挖掘等多项技术和方法。深入的数据分析，可以揭示数据背后隐藏的信息和规律，为企业提供决策依据。根据某社群用户的年龄数据(见图8-1)，运营者可以选择更适合18~45岁用户的话题。

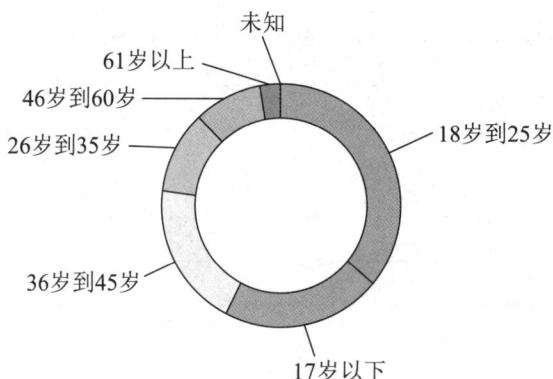

识别用户
行为数据

図8-1　某社群用户年龄数据

2. 社群数据分析的定义

　　社群数据分析是指对社群中的各种数据进行收集、整理、分析和解读，以获取有关社群成员行为、互动、兴趣等方面的关键信息。通过社群数据分析，社群运营者可以了解社群的活跃度、成员参与度、内容互动情况等，从而为社群运营和决策提供数据支持。

3. 社群数据分析的作用

　　第一，数据分析能够优化决策。通过分析地理位置、工作、喜好，能够更加精准地找出用户的需求，策划产品和服务。

　　第二，数据分析能够降低成本。通过将数据和实际情况进行对照分析，分析社群成员对各个活动的参与度，从而判断哪些活动更受欢迎，哪些社群活动转化成本更低。这样，社群运营者可以有针对性地举办转化率高、效果好的活动。

第三，数据分析能促进组织目标与行动的协同。社群的决策者和实际运营者往往从不同角度看待问题，单纯按照决策者的要求可能导致社群内部不和谐，而仅按照运营者要求，则可能导致社群停滞不前，难以进行商业转化。因此，通过社群数据分析，可以加强决策者和运营者对社群真实状态的了解，实现上下级之间及时沟通与协同行动，建立健全社群会员体系。

案例分析

QQ兴趣部落的兴趣调查

QQ一直被视为年轻人的聚集地，它于2014年推出了兴趣部落(见图8-2)。这是继QQ群之后，QQ重点打造的社区型产品。QQ推出兴趣部落的原因有两个：一是在移动互联网的浪潮中，基于移动互联网的社区存在较大的市场空白，QQ需要一个产品占据泛社交市场；二是随着微信的崛起，QQ在聚焦年轻的品牌战略的同时，需要一个板块留住年轻人，进一步承载和扩展这种年轻文化。

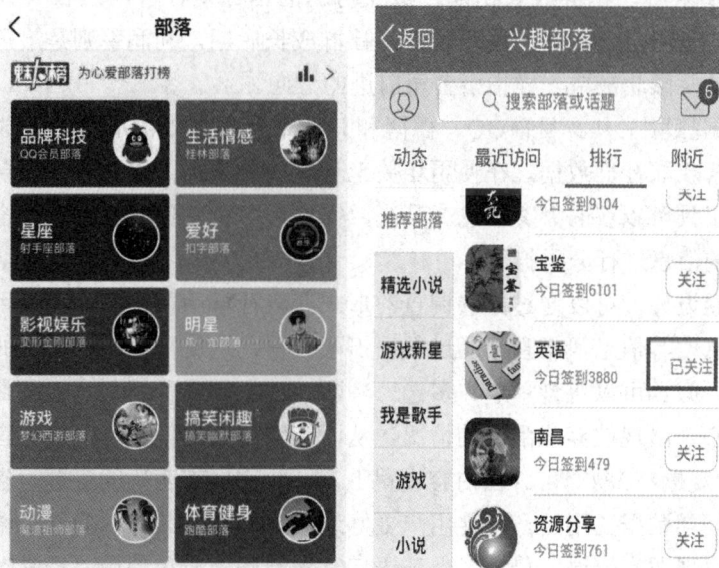

图8-2 QQ兴趣部落

因为其起源于QQ，兴趣部落在刚开始运营的时候，最先发展起来的部落包括明星、游戏、自拍等。随后，腾讯官方发布的数据显示：超过30万个部落中，拥有超百万粉丝的部落超过250个。兴趣部落的活跃用户已经超过千万个，其中超过一半的活跃用户是"90后"，而单个话题的回复量最高可达数十万条。

腾讯此次推出的QQ兴趣部落是一个基于兴趣的主题社群。它通过大数据分析用户的社交兴趣，通过调查用户在不同兴趣部落中的参与度和互动情况了解用户的兴趣偏好和行为习惯。这些数据可以帮助企业更好地了解目标用户，并制定相应的营销策略。

思考:

1. 你周围有哪些类似兴趣部落的平台?

2. QQ兴趣部落的兴趣调查对企业运营有何优势? 为什么?

4. 社群数据分析的流程

社群数据分析一般分为数据收集、数据清洗、数据分析、数据可视化报告4个阶段。最后,通过分析报告来呈现相关数据。

1) 数据收集

第一,定义指标。社群数据分析指标需要精准定义,非特殊情况不可随意变动,以确保数据的准确性。此外,建议选择北极星指标。北极星指标也叫唯一关键指标(任务3.2中有具体介绍),是社群根据发展目标和阶段确定的。很多指标是没有办法兼顾的。例如,提升用户的转化率可能导致社群用户增长数下降,提高产品单价可能会对销售量产生负面影响。因此,针对每个不同的特定时期,要选择一个特定指标作为此时最关注的指标。从社群的成长周期来看,社群成长初期,最先考虑的指标是社群净增长人数;社群成长中期,优先考虑的是用户活跃度和用户黏性;社群成长后期,利润率则是最重要的北极星指标,实际上就是要像北极星一样指引公司前进的方向。

第二,数据抓取工具。目前QQ、微博和其他平台都可以添加第三方数据管理工具,以帮助社群运营获取社群数据。在使用相关工具时,首先,需要对软件平台进行分类,了解软件平台或工具可以获取哪类信息。其次,需要对多种软件及平台进行合规性评估。最后,对收集到的信息进行分类抓取。

第三,问卷设计。可以通过问卷调查的形式获取社群中的信息。因为用户喜好、观点倾向、用户满意度等信息很难直接通过数据抓取获得,这就需要进行科学的问卷设计,以补充数据内容。问卷可以包含单选、多选、判断、填空等多种题型,但题量不宜太多,以免用户失去耐心,出现放弃或乱填的情况,从而影响问卷的信度。一般而言,客观题题量为10~15题,主观题1~2题即可。在内容设置上,一般需要有明确的主题,告知用户此次调研的目的以及问卷数据的用途,以便用户更好地填写问卷。此外,问卷的结构和逻辑要符合规范,避免出现逻辑错误。最后,保证语句意思准确,避免使用"经常""偶尔""有几次""还行"这类模糊性词语,尽量用具体数量来表达。

第四,普查或抽样。根据总体人数、调研的重要性、执行成本等因素,可以对用户进行全面调研,或者抽样调研。当调研内容重要、用户人数不多、成本较低时,则可采用全员调研的方式。反之,则应选择抽样调研的方式。需要注意的是,不要直接将问卷表放入社群中,让用户自由选择是否填写,这样就失去了抽样调研的公平性。因为愿意填写的用户往往对该项目更有兴趣、对社群黏性更高,所以针对他们的调研结果可能更积极。而那些不愿意填写的用户可能对该项目不感兴趣,态度比较消极。

2) 数据清洗

首先，对数据进行清理，删除无效、错误的数据。其次，对数据进行加工处理，通过各种运算得出我们想要的结果，比如客单价等于所有订单金额之和除以顾客总数。最后，将各类数据按照一定规律和方法整理到相应的表单中，形成数据表及数据图。

3) 数据分析

社群数据分析一般包括社群成员相关数据分析、社群内容相关数据分析和社群业务相关数据分析。

社群成员相关数据涵盖了社群的新增成员、退群成员、总人数、净增长人数、活跃度、活动参与度、消息量排名以及用户黏性等指标。在收集这些数据时，必须对每个指标给出明确的定义，并且保持定义的一致性，以便于不同时间段的数据对比。例如，"社群新增成员"应定义为每天新加入的社员总数，不减去退群人员，即便有成员刚加入就退群，也应计入。如果同一账号在同一天内多次加群和退群，则仅计算一次，以确保数据的确定性和唯一性。社群活跃度可以定义为每天至少参与一次活动的社群用户占当日统计总人数的比例。活动包括发言、打卡、抢红包等。通常，社群活跃度高意味着社群质量较好。用户黏性则可以分为高、中、低3个层次，通过社群活跃度、特定时期内的付费金额、线下活动参与度等指标按比例综合定义。

社群内容相关数据包含消息总量、人均消息、消息时间分布、话题频次、内容高频词、观点倾向分布等，这些数据反映了社群内容质量及社群的活跃度。其中，统计内容高频词时需要将社群内所有消息导出，用专业软件分析单词出现的频次。而观点倾向分布比较难从对话消息中得出，需要通过调查问卷、群内投票、私下询问和管理观察综合得出。

业务相关数据包括付费人数、商品成本、利润、客单价、曝光率、转化率、复购率等，这些数据用于衡量社群的商业转化能力。通常将转化率定义为在设定期限内，由免费用户转化的付费用户占所有用户的比例，或者购买产品的用户占总用户的比例。其他数据指标相对简单，关键是要定义清晰，避免产生疑义。另外，定义完成后不能随意更改，如果有更改，要在最后的报告中说明。

4) 数据可视化报告

在完成数据分析之后，需要将结果进行可视化展示，并撰写相应的分析报告。

利用图表、地图、仪表盘等工具，将数据分析结果直观地展示出来，以便运营人员和决策者更好地理解和利用数据。同时，撰写社群数据分析报告，包括数据分析方法、分析结果、结论和建议等内容，以供决策参考。

社群数据分析可以帮助运营者了解社群的用户特征、用户行为习惯、用户需求等，从而优化社群内容、提升用户参与度和留存率。此外，社群数据分析也可以帮助运营者发现潜在的商业机会，例如精准营销、个性化推荐等。

⊛ 知识拓展

常用的社群数据分析工具和技术

Google Analytics(见图8-3)是一款免费的网站分析工具，可以用于分析社群网站的访问量、用户行为、转化率等数据。

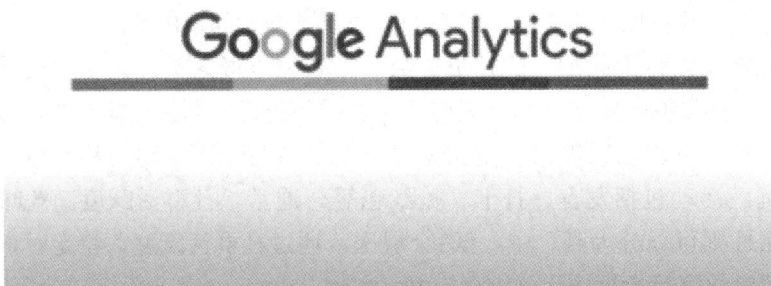

图8-3　Google Analytics标签

Tableau、Power BI(见图8-4)等数据可视化工具可以将社群数据以图表、仪表盘等形式进行可视化展示，从而帮助用户更直观地理解和分析数据。

图8-4　Power BI呈现效果

自定义数据分析工具通过编程语言，如Python、R(见图8-5)，以及数据库，如Pandas、NumPy，进行数据分析和挖掘。该类自定义数据分析工具可以根据具体需求定制分析方法和模型。

图8-5　部分数据工具标识

社群调研工具，如SurveyMonkey、问卷星(见图8-6)、焦点小组等，可以通过收集用户反馈和意见来了解用户需求和满意度。

图8-6　问卷星标识

用户行为分析工具包括Crazy Egg、Hotjar、Mixpanel、Kissmetrics等。这些用户行为分析工具可以追踪用户在社群中的行为路径、点击热点等，以帮助优化用户体验和社群运营策略。

任务8.2 了解社群数据

📋 任务引导

王平的"好物种草群"已经成长为一个自我循环的社群生态平台。目前,收集到的数据种类繁多,哪些数据最能反映平台的真实运营情况呢?

◎ 核心知识

社群数据是指在社群平台上生成的各种数据,如用户数量、用户活跃度、用户行为、用户生成内容等。社群数据可以通过对社群平台的统计和分析来获取,用于了解社群的运营情况、用户参与度以及社群对品牌或主题的影响力。

1. 常见的社群数据分析项目

(1) 社群成员统计。统计社群的总人数、新增人数、活跃人数等,了解社群的规模和增长趋势。

(2) 用户行为分析。分析社群成员的行为数据,如发帖、评论、点赞、分享等,以了解用户的参与度和活跃度。

(3) 内容互动分析。分析社群成员对社群内发布内容的互动行为,如阅读、转发、评论等,评估内容的受欢迎程度和影响力。

(4) 用户画像分析。通过收集社群成员的基本信息和兴趣爱好等数据,进行用户画像分析,了解用户的特征和需求,为个性化推荐和定向营销提供依据。

(5) 社群活动效果评估。对社群内举办的活动进行效果评估,包括参与人数、参与度、反馈等,以了解活动的影响力和效果。

(6) 社群舆情监测。监测社群中的舆情动态,如用户意见、投诉、讨论等,及时发现和处理问题,维护社群的声誉和秩序。

(7) 社群成员调研。通过问卷调查、访谈等方式,收集社群成员的意见和反馈,了解他们的需求和期望,为社群运营和改进提供参考。

这些社群数据分析项目可以帮助社群运营者了解社群的运营情况、用户需求和行为特征,从而优化社群管理和内容策略,提升用户体验和社群价值。

2. 社群数据分析注意事项

(1) 在进行社群数据分析时,需要确保用户的个人信息和隐私得到妥善保护,严格遵守相关的法律法规和隐私政策,防止泄露用户的敏感信息。

(2) 在进行社群数据分析前,需要确保数据的采集和清洗工作得到恰当处理,保证数据的准确性和完整性,以避免数据质量问题导致分析结果出现偏差。

(3) 根据具体的社群数据类型,选择合适的数据分析方法和工具,如统计分析、文本挖掘、机器学习等,以获取准确、有意义的分析结果。

(4) 将社群数据分析结果以可视化的方式呈现,如图表、报告等,以便于理解和解

保护社群
用户隐私

读，从而帮助决策者优化运营策略。

(5) 在进行社群数据分析时，需要确保数据的安全，避免数据泄露或被滥用，采取相应的安全措施和权限管理措施。

案例分析

虫妈邻里团的社群经济模式

虫妈邻里团(见图8-7)是一个以邻里为核心的生鲜团购平台，主要服务上海及其周边城市的高端社区家庭。该平台采用了"社区+社群"的模式，通过微信群预订的方式，让社区邻里组团购买放心食材。虫妈邻里团致力于让品质生活不再昂贵，让信任在邻里社群中传递。

虫妈邻里团的社群经济模式体现在其独特的运营策略上。他们先让微信群里的用户下单，然后带着用户的需求去一级批发市场和商家谈判，以低价采购用户想要的优质水果。此外，他们还尝试直接去农村承包草莓大棚，让用户能够吃到安全、好吃、便宜的草莓。

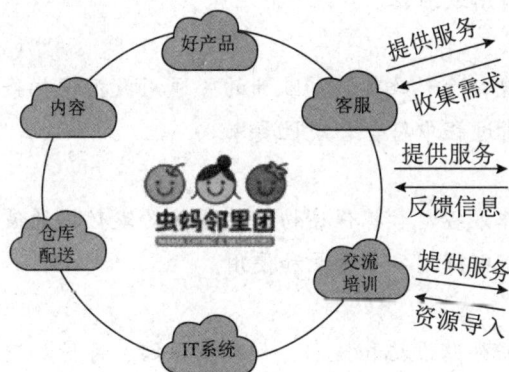

图8-7 虫妈邻里团

虫妈邻里团还与一些实体店店主合作，借助他们的口碑和流量优势，增加实体店的客流量。这种合作模式对线下实体店来说非常有帮助。

虫妈邻里团通过精细的运营方式取得了成功。他们在小范围内建立了一个高频交互的社群，通过社群成员之间的互动和口碑，吸引更多的用户加入和购买。他们利用社群的力量，提高了销售转化率和用户忠诚度。

思考：

1. 虫妈邻里团采用了何种经营模式?

2. 虫妈邻里团独特的优势有哪些?

⊛ 知识拓展

进行社群数据分析时如何保护用户隐私

1. 数据匿名化

在进行数据分析之前，对用户的个人身份信息进行匿名化处理，例如使用加密算法身份账号替换用户ID或删除用户的敏感信息，以确保用户的身份信息得到保护。

2. 数据脱敏

对于敏感信息，如姓名、地址、电话号码等，可以采用数据脱敏技术，将其转换为无法直接识别用户身份的形式。

3. 数据安全传输

在数据传输过程中，采用安全的通信协议和加密技术，确保数据在传输过程中不被窃取或篡改。

4. 数据访问权限控制

对进行数据分析的人员或团队，需要进行严格的权限管理，只授权必要的人员访问和使用数据，以防数据被滥用或泄露。

5. 合规性要求

遵守相关的法律法规和隐私政策，如欧洲的《通用数据保护条例》和中国的《网络安全法》，确保在数据分析过程中符合合规性要求。

坚守社群
法律法规

6. 数据保密协议

与数据提供方或合作方签订数据保密协议，明确约定数据的使用范围、保密义务和责任，确保数据在分析过程中得到妥善保管和使用。

7. 数据存储安全

采用安全可靠的数据存储设施和技术，如加密存储、备份和灾备措施，以防数据丢失或被非法获取。

8. 审查和监控

建立数据分析过程的审查和监控机制，及时发现和处理可能存在的数据安全风险和漏洞。

任务8.3　数据分析方法

任务引导

通过学习，王平掌握了社群数据分析的相关知识，明白了通过多维度分析可以了解社群的运营现状，从而优化社群运营者的决策过程、降低整体营运成本等。那么，王平应该运用哪些数据分析方法来进行社群数据分析呢？

核心知识

1. 数据分析模型

1) AARRR模型

AARRR模型(见图8-8)又称海盗模型，包含用户获取、用户激活、用户留存、获得收益、推荐传播这5个分析用户增长的重要环节。在用户获取环节，北极星指标包括入群率和退群率。此时，需要结合运营行为，分析用户入群的渠道，并结合时间因素，分析用户退群的原因。在激活环节，北极星指标转向互动率和互动内容(如高频词、用户喜好)，这要求我们了解社群情况，并根据用户的喜好进行内容更新，以优化社群运营方向。在用户留存环节，北极星指标是用户留存率，此时需要分析用户留存及流失的原因，进而优化产品和服务体验。而在获得收益环节，北极星指标是转化率、客单价、利润率，需要衡量用户转化效果，计算单个用户的价值，并控制成本，以确定成本投入方向，从而获取更高的利润。最后，在推荐传播环节，需要对用户进行分类，根据不同用户类型推出不同的活动，激发用户的二次传播。

分析总结
社群数据

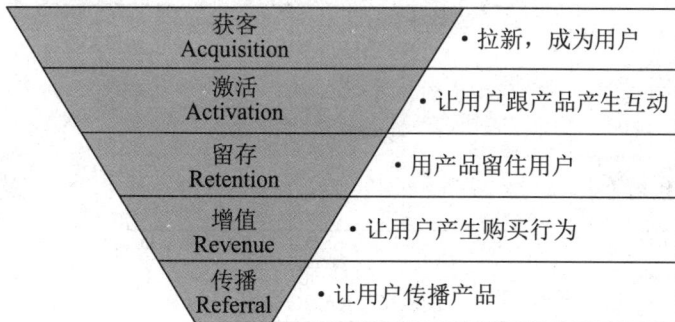

图8-8　AARRR模型

2) 转化漏斗模型

转化漏斗模型(见图8-9)主要通过转化率分析整个业务流程中的转化和流失情况。通过分析转化数据，可以对每个环节的流失用户进行精准营销。例如，A电脑公司同时在抖音和淘宝投放了广告，通过转化漏斗发现，淘宝带来的最终购买转化率比较低。此时，公司就找到了解决问题的抓手，接下来就可以围绕提高淘宝渠道的转化率去做活动。

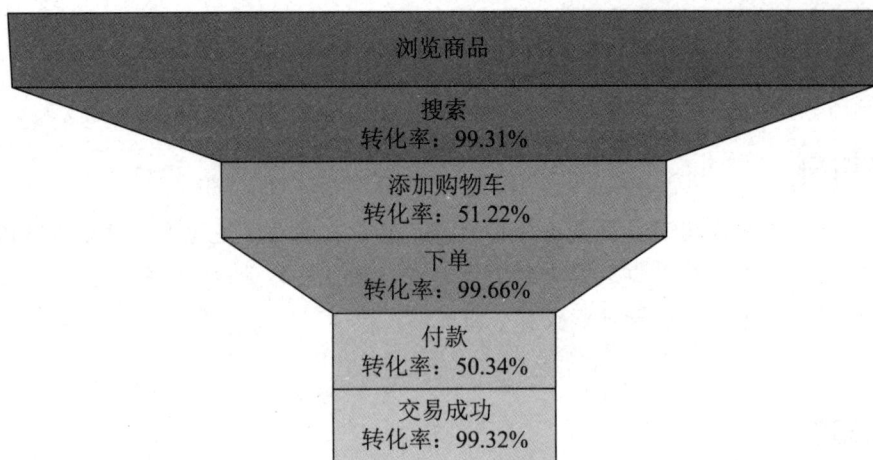

图8-9 某平台用户转化漏斗模型

3) KANO模型

KANO模型(见图8-10)用于对用户需求进行分类和排序。它根据用户需求对用户满意的影响，得出产品性能和用户满意之间的非线性关系，其优先级为"必备型>期望型>兴奋型>无差异"。

例如，社群工作中共列举了8个功能，需要进行优先选择。此时，就可以用KANO模型，让业务人员填写满意度问卷。通过对结果进行统计、归纳、分析，得出必备型功能，从而优先满足这些功能，让决策更具科学性。

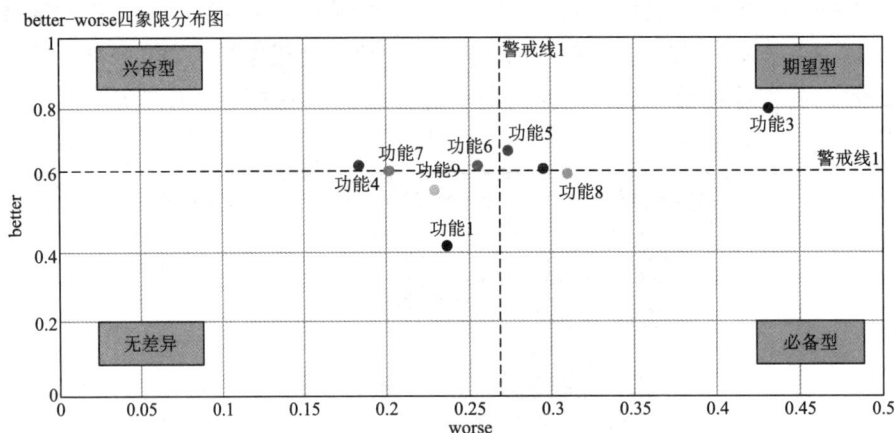

图8-10 KANO模型

2. 常见的社群数据分析指标

1) 入群率

入群率是指通过不同渠道进入社群的人数与该渠道曝光量之间的比例，可以帮助分析哪些渠道吸引了更多的用户。

2) 退群率

退群率是指社群中主动退出的人数与社群总人数之间的比例，可以帮助分析社群的留存情况和用户流失原因。

3) 互动率

互动率是指社群中参与互动的人数与社群总人数的比率，可以反映社群的活跃度和用户参与度。

4) 内容数

内容数是指社群中发布的内容数量。通过分析内容数可以了解社群的内容产出情况和用户对内容的反馈。

5) 群成员总人数

群成员总人数是指社群中的总人数。通过监测群成员总人数的变化可以了解社群的增长趋势和用户留存情况。

6) 社群日活跃率

社群日活跃率是指社群中每天活跃用户数与社群总人数的比率，可以反映社群每天的活跃程度。

7) 社群转化率

社群转化率是指通过社群获得的目标转化数与社群总人数的比率，可以帮助分析社群对目标转化的贡献程度。

开阔眼界

如何提高社群成员的活跃度和参与度？

1. 设立明确的目标和使命

社群成员需要知道他们在社群中的价值和作用。因此，设立明确的目标和使命对于激发成员的参与度非常重要。确保社群的目标与成员的兴趣和需求相匹配，让他们感到参与社群是有意义的。

2. 提供有价值的内容

社群成员参与的动力之一是能够获取有价值的内容。因此，定期发布有趣、有用的内容，包括文章、视频、图片等，能够吸引成员的关注并促使他们参与讨论和互动。

3. 激发成员互动

鼓励成员之间的互动和交流是提高参与度的关键，可以通过提问、讨论话题、分享经验等方式来激发成员的参与和互动。同时，及时回复成员的问题和留言，增加互动的连续性。

4. 组织活动和比赛

定期组织社群活动和比赛可以增加成员之间的互动和竞争，提高社群的活跃度。活动可以以线上和线下的形式进行，如线上讨论会、线下聚会等。通过活动和比赛，可以增加成员的参与度和忠诚度。

5. 建立良好的社群氛围

营造积极、友好、互助的社群氛围，让成员感到舒适和愿意参与互动。可以设立规则和准则，引导成员的行为和互动方式。同时，及时处理不良行为和冲突，维护社群的秩序和稳定。

6. 提供个性化服务

了解成员的需求和兴趣，提供个性化的服务和内容，增加成员参与的动力。可以通过调查问卷、个人咨询等方式了解成员的需求，并根据需求提供相应的服务和内容。

7. 激励和奖励机制

设立激励和奖励机制，鼓励成员积极参与社群活动。可以设立积分制度、等级制度或者奖励制度，给予活跃成员一定的奖励和认可，激发他们的参与热情。

3. 常见的社群数据分析方法

社群数据的分析方法主要包括分类分析、回归分析、聚类分析、相似匹配、因果分析等。

1) 分类分析

分类是指将数据划分为不同部分和类型，并进行相应的组合，比如将总收入/总购买的用户，可以评估每个付费用户的价值；将总收入/总社群用户，可知每个社群用户带来的价值。

2) 回归分析

回归分析是一种运用广泛的统计分析方法，可以通过规定因变量和自变量来确定变量之间的因果关系，建立回归模型，并根据实测数据来求解模型的各参数，然后评价回归模型是否能够准确地拟合实测数据。如果能够很好地拟合数据，则可以根据自变量进行进一步预测。

3) 聚类分析

聚类分析是根据数据的内在性质将数据划分为一些聚类，每个聚类中的元素尽可能具有相似的特性，不同聚类之间的特性差别应尽可能大。与分类分析不同，聚类分析所划分的类别是未知的，因此，聚类分析也被称为无指导或无监督学习。

数据聚类分析是静态数据分析的一门技术，在许多领域得到广泛应用，包括机器学习、数据挖掘、模式识别、图像分析以及生物信息等。

4) 相似匹配

相似匹配是通过一定的方法计算两个数据的相似程度，相似程度通常会用百分比来表示。相似匹配算法应用于多种计算场景，如数据清洗、用户输入纠错、推荐统计、剽窃检测系统、自动评分系统、网页搜索等。

5) 因果分析

因果分析是基于事物发展变化的因果关系来进行预测的方法。在市场预测中，主要采用回归分析方法，此外，投入产出分析等方法也较为常用。

4. 社群数据分析报告

数据分析完成之后，通过社群数据分析报告的形式，将结论呈现给领导或者社群成员。社群数据分析报告的框架(如表8-1)可以根据具体需求和目的进行设计，一般分为标题、目录、引言、数据概况、用户行为分析、社群运营分析、用户反馈和意见、结果总结、可视化展示、结论和展望、附录。

表8-1 社群数据分析报告的框架

项目	要求
标题	标题要简洁明了、直击主题
引言	介绍报告的目的、背景和研究问题，概述报告的结构和方法
数据概况	对社群的基本情况进行描述，包括社群成员数量、活跃度、用户属性等
用户行为分析	对社群成员的行为进行统计和分析，包括用户参与度、互动频率、内容偏好等
社群运营分析	对社群的运营情况进行评估，包括社群活动的效果、成员留存率、用户满意度等
用户反馈和意见	收集和整理社群成员的反馈和意见，分析用户对社群的满意度和改进建议
结果总结	对数据分析的结果进行总结和归纳，提出对社群运营的建议
可视化展示	使用图表、图像等可视化方式呈现数据分析结果，使报告更加直观和易于理解
结论和展望	对社群的现状进行总结，并展望未来的发展趋势和挑战
附录	包含报告中涉及的专业名词解析、计算方法、资料来源、原始数据等

⊛ 知识拓展

如何根据社群数据分析报告制定有效社群运营策略

1. 分析用户行为

通过社群数据分析报告中的用户行为数据，了解用户在社群中的活跃度、参与度和互动方式。例如，分析用户的发言数量、评论数量、点赞数量等指标，以及用户在社群中的互动频率和方式。

2. 研究用户偏好

通过社群数据分析报告中的用户偏好数据，了解用户对不同类型内容的喜好和关注点。例如，分析用户对不同话题的关注度、对特定类型内容的转发和分享情况，以及用户对特定活动或话题的参与度。

3. 识别关键指标

根据社群数据分析报告中的关键指标，确定社群运营的重点和优化方向。例如，关注用户增长率、用户留存率、用户活跃度等指标，以及社群内容的转化率和影响力。

4. 优化内容策略

根据社群数据分析报告中的内容效果数据，评估社群发布内容的效果，并根据数据调整和优化内容策略。可以分析哪些类型的内容受到用户欢迎，哪些类型的内容转化率较高，从而提供更有价值的内容。

5. 提升用户参与度

根据社群数据分析报告中的用户行为数据，了解用户参与度的情况。可以通过互动活动、话题讨论、问答等方式，激发用户参与和互动，提升社群的活跃度。

6. 培养社群意见领袖

根据社群数据分析报告中的用户数据，识别出社群中的意见领袖和活跃成员。与意见领袖建立良好的关系，借助他们的影响力和号召力，引导社群成员的行为和消费倾向，实现更有效的品牌传播。意见领袖成长路径如图8-11所示。

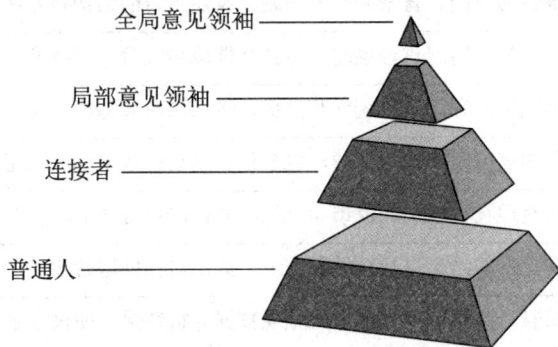

全局意见领袖

局部意见领袖

连接者

普通人

图8-11 意见领袖成长路径

7. 定期评估和调整

社群运营是一个不断优化和调整的过程。定期评估社群运营策略的效果，根据社群数据分析报告中的数据和反馈，进行必要的调整和改进。

课后练习

一、单选题

1. ( )是指对收集来的大量数据进行收集、处理、转换和挖掘，以发现数据中的规律、趋势和关联性，为决策提供支持和指导的过程。

A. 数据分析   B. 社群数据分析   C. 趋势数据分析   D. 规律数据分析

2. 撰写社群数据分析报告时，使用图表、图像等方式呈现数据分析结果，使报告更加直观和易于理解，属于( )。

A. 视频展示   B. 图形展示   C. 可视化展示   D. 媒体展示

3. ( )是一款免费的网站分析工具，可以用于分析社群网站的访问量、用户行为、转化率等数据。

A. Google Analytics   B. Facebook Insights   C. Tableau   D. Python

4. ( )通过转化率分析整个业务流程中的转化和流失情况。通过转化数据，对每个环节的流失用户进行精准营销。

A. AARRR模型   B. 转化漏斗模型   C. KANO模型   D. RFM模型

5. 常见社群数据分析指标中，( )是指通过不同渠道进入社群的人数与渠道曝光量之间的比例。

A. 互动率   B. 退群率   C. 入群率   D. 活跃率

二、多选题

1. 社群数据分析具有(　　)作用。

A. 丰富咨询内容　　　B. 优化决策　　　C. 降低成本　　　D. 协同组织目标与行动

2. 一般社群数据分析分为(　　)。

A. 数据收集　　　　　　　　　　B. 数据清洗

C. 数据分析　　　　　　　　　　D. 数据可视化报告

3. 社群成员统计，主要是统计社群的(　　)，了解社群的规模和增长趋势。

A. 活跃人数　　　　B. 总人数　　　C. 新增人数　　　D. 退群人数

4. 监测社群中的舆情动态，包括(　　)，及时发现和处理问题，维护社群的声誉和秩序。

A. 用户意见　　　　B. 用户投诉　　　C. 用户讨论　　　D. 用户想法

5. 海盗模型，包含用户获取和(　　)，是增加用户生命的重要环节。

A. 用户激活　　　　B. 用户留存　　　C. 获得收益　　　D. 推荐传播

扫码自测

三、简答题

1. 请叙述AARRR模型的主要内容。

2. 请简述常见的社群数据项目。

3. 请简述社群数据分析注意事项。

四、思考题

1. 进行社群数据分析时如何保护用户隐私？

2. 如何根据社群数据分析报告制定有效社群运营策略？

五、实操题

1. 3~5位同学组成一个团队，持续运营社群，试分析社群数据分析指标主要有哪些？它们代表什么含义？并形成数据分析报告。

2. 在表8-2中进行组内的自评与互评。

表8-2　任务训练评分表

任务环节	工作内容	参与成员	自评分	小组评分

项目9　社群运营实战——AIGC工具助力

项目目标

知识目标：

1. 了解设立社群所必备的条件。

2. 了解社群发展中的工作SOP(标准操作程序)。

3. 了解评价社群收获的三个指标。

4. 了解常用的一些AIGC工具。

技能目标：

1. 能独立设计一个新社群的运营计划。

2. 能利用社群遗留资源进行后续业务延伸。

3. 能利用AIGC工具提升运营效率。

素养目标：

1. 了解社群从生到死的生命周期，树立正确的社群产品观。

2. 树立产品(社群)价值最大化的运营观念。

3. 培养对社群的全局把控能力。

4. 培养快速学习最新AIGC工具的数字素养。

🔷 思维导图

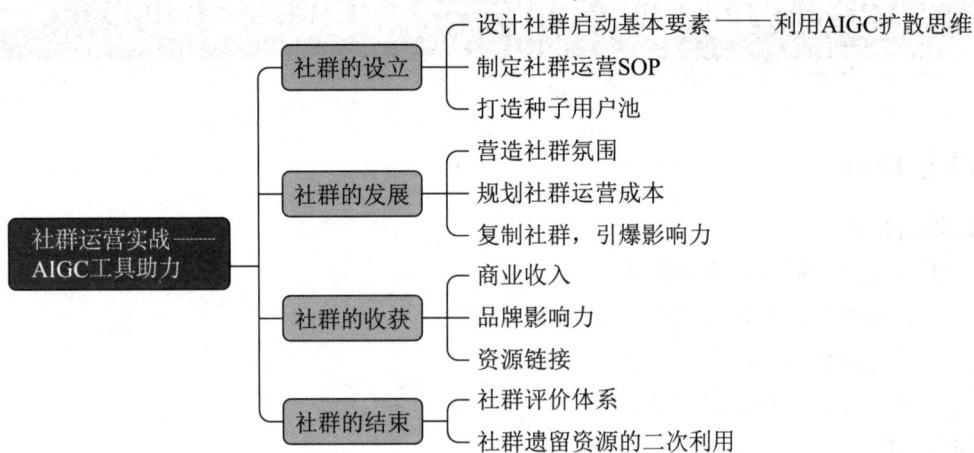

● 学到的知识

_____

_____

_____

● 掌握的技能

_____

_____

_____

● 提升的素养

_____

_____

_____

任务9.1　社群的设立

任务引导

郭志最近加入了一家英语培训公司。该公司主要针对3~6岁儿童进行英语启蒙教育。主管要求郭志负责引流课程"7天让孩子爱上英语"的社群推广，目标是将有意向的目标用户聚集起来，建立打卡社群，以促进后续线下课程的销售。

由于郭志从来没做过社群，面对主管的要求，他感觉无从下手：建立社群的第一步要干什么？社群应该叫什么名字？需要准备什么？去哪里找第一批用户？此外，主管要郭志把社群运营的预算报一下，这让郭志一头雾水：到底该投入多少资金呢？

我们就以郭志的任务为主线，为大家梳理社群从建立到退出的整个流程。同时，本任务将采用AIGC工具，从而降低社群运营成本、提升运营效率。

核心知识

1. 设计社群启动基本要素——利用AIGC扩散思维

社群同样是一种产品，也需要像实物产品一样，在前期进行细致的产品设计。不同之处在于，设计实物产品时，一般先设计产品的内核，再设计产品的呈现方式和外层要素。而社群的设计恰恰相反，遵循由外到内的原则，即先设计社群的架构和外层要素，等社群成员进来后，再通过逐步迭代，完善社群的运营核心。

AIGC，是一种利用人工智能技术创作和生成多种类型数字内容的技术。恰当运用AIGC，通过高效、多样化和个性化的内容生成，不仅能提高社群运营的效率，还能丰富社群的内容，提升用户的参与度和满意度。

社群设置的第一步是完成外层要素设计，即社群名称、社群口号、社群主视觉、社群主输出物的设计。接下来让我们学习如何通过AIGC迅速完成设计，提升社群的创意。

1) 社群名称

社群名称是社群的首要标识，需简洁明了且体现主题。利用自然语言处理(NLP)模型，如文心一言(yiyan.baidu.com)，通过输入社群主题和关键词，可以生成一系列有创意的候选名称。这些模型能够捕捉语义信息，确保名称既符合社群定位，又易于理解和记忆。如图9-1所示，当向文心一言提问："我想建立一个英语学习社群，请帮我起个社群的名字。"它会给5个答案，以供参考。

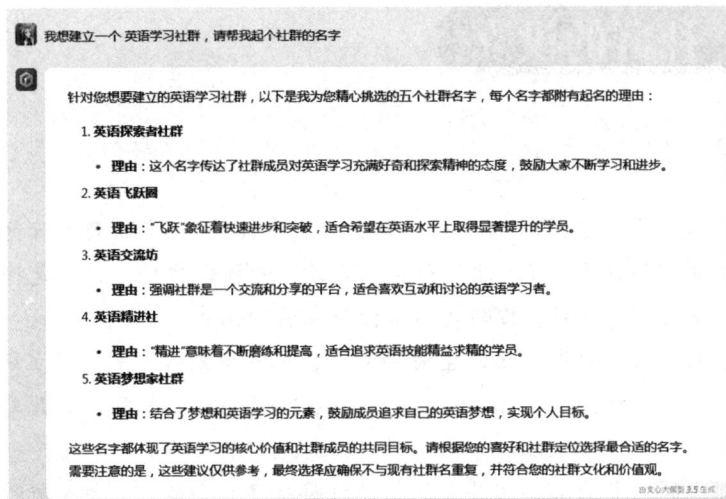

图9-1 文言一心回答社群名称

2) 社群口号

社群口号是社群精神的简短表达，要求简洁有力，能传达核心价值。同样，NLP模型可用于生成口号，通过输入社群特点和价值观，生成一系列有吸引力的候选名字，也可以帮你优化口号。这些口号能够迅速抓住受众的注意力，强化社群品牌形象。当向文心一言提问："我想把社群的口号定位为'学习英语，前途无量'，能帮我多提供几个选项吗？"文心一言就会推荐多种口号，如图9-2所示。

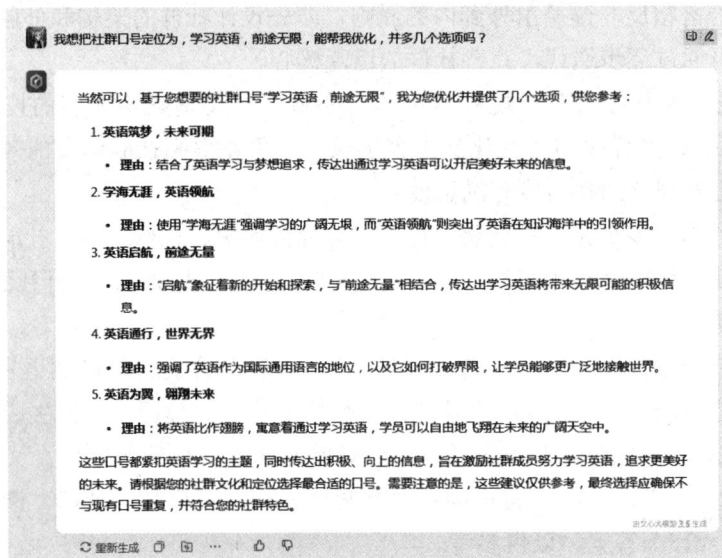

图9-2 文言一心优化社群口号

3) 社群主视觉

社群主视觉是视觉标识，包括色彩、风格等元素，需要与主题协调。图像生成模型，如豆包的头像生成(www.doubao.com/chat/create-image)，可生成与社群主题相关的视觉元素，提供一系列设计候选方案。这些模型能够捕捉视觉风格，确保主视觉既符合社群定位，又吸引目标受众。要豆包生成"英语飞跃圈标识"时，豆包立即生成几张示意图，如图9-3所示。

图9-3　豆包生成标识图

4) 社群主输出物

社群主输出物包括文章、图片、视频等，需要高质量且体现主题的内容。NLP模型可用于生成文本内容，而图像和视频生成模型可用于生成图片和视频。在创作过程中，可以借助一些综合性工具，如海报生成器——创客贴(www.chuangkit.com)(见图9-4)，以快速完成简单合规的输出物。在使用这些工具时，需要结合人工审核，确保最终结果的准确性且符合社群定位。

图9-4　创客贴界面

2. 制定社群运营SOP

在社群成立之初，运营人员往往不会很多。此时，一份详细、科学又灵活的社群运营SOP(标准操作程序)非常重要。使用者可以根据表9-1，完成社群运营的相应步骤，并查漏补缺。

表9-1　社群SOP表

模块	任务	说明
社群设立与规划	明确社群主题与定位	确定社群的主题、目标受众和主要功能
	制定社群规则	包括成员加入、退出规则，发布内容规则，互动交流规则等
	策划社群活动	制订定期或不定期的线上、线下活动计划
	建立反馈机制	为成员提供一个反馈和建议的平台

续表

模块	任务	说明
社群内容运营	发布有价值的内容	根据社群主题，定期发布有价值的信息、文章、图片或视频等
	互动与答疑	及时回复成员的问题，保持活跃度
	监测内容质量	确保内容不违法、不违规，符合社群规则
社群活动组织	线上活动	如讨论组、问答、投票等
	线下活动	如聚会、讲座、实地考察等
	活动宣传与推广	确保活动能够吸引足够的参与者
	活动后总结与反馈	收集成员的反馈，持续优化活动
社群成员管理	欢迎新成员	为新加入的成员提供欢迎信息，介绍社群规则等
	维护活跃度	通过各种方式鼓励成员积极参与社群活动
	处理违规行为	一旦发现违规行为，按照预先设定的规则处理
	建立会员体系	根据成员的贡献和活跃度，建立会员体系，给予相应的权益和奖励
社群扩张与维护	内容分享与传播	鼓励成员分享优质内容，提高社群的知名度
	与其他社群合作	寻找与自己社群互补的社群进行合作，扩大影响力
	定期检查与优化	定期检查社群的运营状况，对不符合要求的内容或成员进行处理，同时持续优化社群结构和运营策略
	数据分析与反馈	定期分析社群数据，了解社群的运营状况和成员需求，为进一步优化提供依据
	不断更新与调整	根据市场变化和成员需求，不断更新内容与活动，保持社群的活力和吸引力

运营人员可以利用文心一言来开拓思维、优化操作方案。例如，向文心一言提问："我要开展英语社群线上活动，有什么好建议吗？"回复结果如图9-5所示。或者提问："请给我三个英语社群线上活动方案。"

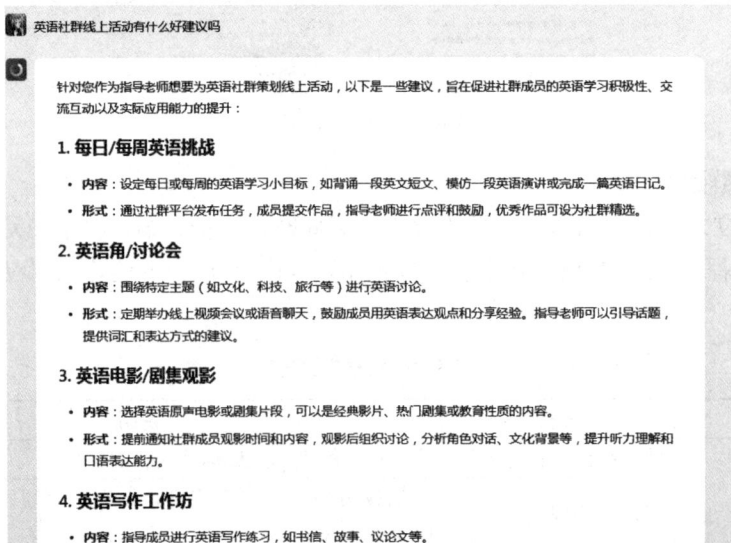

图9-5　文言一心给出活动点子

3. 打造种子用户池

万事开头难。对于一个全新的社群来说，寻找第一批对社群感兴趣的忠实用户非常重要。这些用户作为第一批入群的用户，对社群未来的扩展、裂变以及口碑营销至关重要。

运营者要从目标用户所在的各个渠道全力引流，主要有以下几种方法。

(1) 通过社交网络招募。例如，在微信、QQ、微博等社交平台，找到与社群主题相关的用户，主动联系并邀请他们加入社群。

(2) 通过线下活动寻找。例如，参加行业展会、沙龙、论坛等活动，与现场参与者互动，邀请他们加入社群。

(3) 与其他社群合作，共享资源，互相推荐成员，扩大各自的影响力。

(4) 在社交媒体、搜索引擎等平台上投放定向广告，吸引潜在用户加入社群。

(5) 内容营销。创作高质量的内容并在新媒体平台上投放，吸引对内容感兴趣的用户，并引导他们加入社群。

寻找社群种子用户的关键在于明确社群定位和目标受众，然后通过多种渠道主动出击，吸引他们的关注和参与。同时，要注意维护好与种子用户的关系，提供有价值的内容和服务，建立良好的口碑，为社群的后续发展奠定基础。

在这样的情况下，为了抓住热点信息、热点需求，以快速吸引用户，可以采用一些跟踪热点信息的工具，比如百度指数(index.baidu.com)。如图9-6所示，可以在百度指数网站输入"英语学习"，点击需求图谱，就可以查到全国哪些人群有英语学习需求。

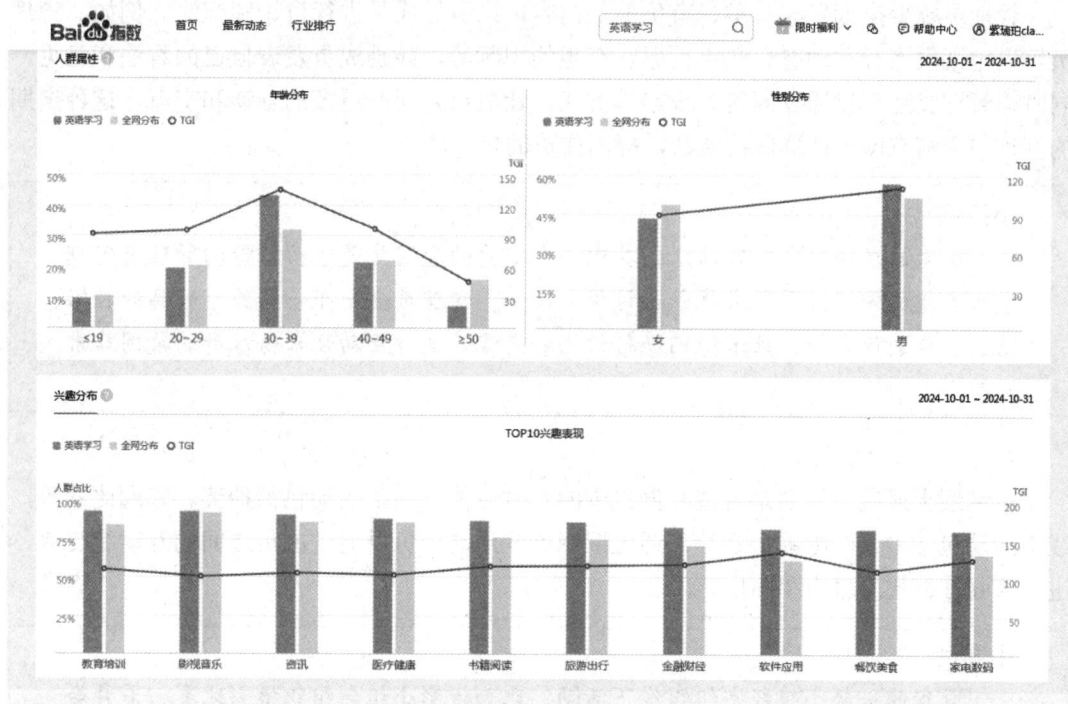

图9-6　百度指数的需求图谱

任务9.2　社群的发展

📖 任务引导

郭志顺利建立了英语打卡群的初步框架，也设计好了群名、口号和推广海报，并且通过门店发传单、亲子社群资源互换的方式，吸引了第一批200位家长进群。

接下来，郭志又发愁了：面对这200位家长，该怎么设计日常的互动来持续维持社群的活跃度呢？在运营中，成本又该怎么计算？如果社群发展势头不错，又如何低成本扩大社群的影响力？有什么方法能够快速达到这样的效果呢？

◎ 核心知识

在社群的发展阶段，我们需要关注成员的参与度和活跃度，通过各种方式来促进成员之间的互动和交流。同时，我们还需要不断扩大社群的规模，提高社群的知名度和影响力。这一阶段是社群的成长关键期，需要精心维护和运营。

1. 营造社群氛围

1) 定期互动与交流

管理员需要定期发布有趣、有价值的内容，以引导成员进行讨论和交流。例如，管理员可以定期发布行业动态、热点话题、有趣的视频等，鼓励成员发表自己的看法和意见。同时，管理员还可以通过问答、投票等方式，让成员之间有更多的互动和交流。这种定期的互动与交流有助于社群保持活跃，提高成员的参与度。

文化社群
管理的机
遇与挑战

> **小案例**
>
> 小米的米粉社群非常活跃，其中一个重要的原因就是米粉社群的管理员定期发布有趣的内容，引导成员进行讨论。比如，管理员会发布一些关于新品的独家信息、特别优惠等，让米粉们进行讨论和交流。这种互动让米粉社群的氛围非常活跃。

2) 组织线上/线下活动

组织线上或线下活动是营造社群氛围的有效方式。线上活动包括抽奖、答题比赛等，线下活动包括聚餐、唱歌大赛等。通过组织这些活动，可以促进成员之间的互动和交流，进而增强社群的凝聚力和归属感。

> **小案例**
>
> 豆瓣的兴趣小组经常组织线下活动，比如摄影小组会组织摄影比赛、看片会等，美食小组会组织聚餐、品酒等活动。这些活动为小组成员提供更多接触和交流的机会，从而让社群氛围更加活跃。

3) 建立互助机制

建立互助机制可以使成员更好地互相帮助，比如可以设立问答板块，让成员之间互相解答问题；可以组织经验分享会，让有经验的成员分享自己的经验和技巧。这种互助机制可以提高成员的参与度和黏性，同时也能促进成员之间的互信和合作。

> **小案例**
>
> 　　知乎社群非常活跃，其中一个重要的原因就是知乎建立了良好的互助机制。在知乎上，用户可以互相回答问题，分享知识和经验。这种互助机制让知乎用户非常愿意参与交流和讨论，也让知乎社群的氛围非常活跃。

通过以上方法，我们可以营造良好的社群氛围，提高成员的参与度和黏性。然而，我们还要注意避免过度依赖管理员的引导，应让成员有更多的自由和发挥空间。

针对日常社群互动和线上活动，我们都可以让AI(人工智能)帮运营者快速制定活动方案及活动步骤。就某个活动，可以继续向文心一言深入提问："线上英语角不错，具体可以怎么做？"如图9-7并针对不理解的内容进行深入提问或者请求提供更换方案。

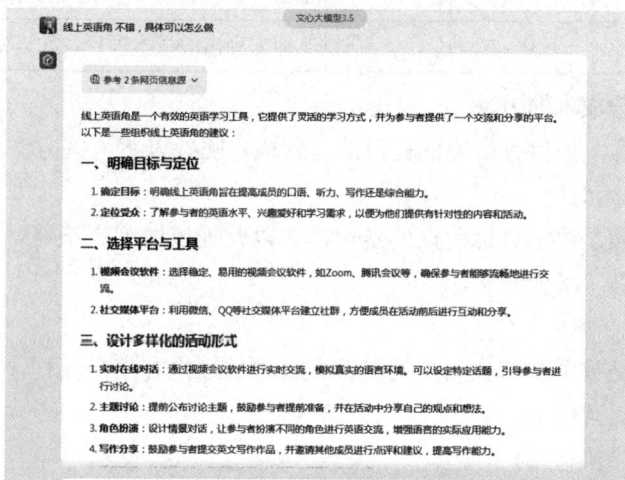

图9-7　文心一言回复具体方案

2. 规划社群运营成本

1) 社群运营成本构成

社群可以被视为一种产品，而产品的运营和推广都不可避免地需要成本。社群的运营成本主要由以下几个方面构成。

(1) 人力资源成本。社群运营需要投入大量的人力资源，包括管理员、编辑、客服人员等。其中，管理员的薪资和福利费用是主要的成本之一，因为社群需要专业的管理人员来维护和运营。此外，为了提高社群的活跃度，还需要聘请一些活动策划人员和内容创作者，这也是一笔不小的开销。

(2) 设备成本。随着社群逐渐壮大和用户数量的增加，需要购买一些设备，包括服务器、数据库、软件以及网络设备等。这些设备的购买和维护费用也是社群运营成本的重要组成部分。

(3) 推广宣传成本。为了吸引更多的用户加入社群，需要投入广告、活动策划和市场推广等费用。这些费用也是社群运营成本的一部分。

(4) 特殊需求成本。例如，有些社群需要开发定制化的功能模块，或组织线下活动，这些特殊需求会产生额外的运营成本。

2) 计算社群运营成本

对于郭志的社群，需要分阶段计算运营成本，可以参考表9-2。

表9-2　社群预算表

项目	预算金额/元	实际支出/元	完成情况	备注
人力成本				包括管理员、编辑、客服员等职员的薪资和福利
活动成本				组织线上线下活动的成本
活动策划				包括活动策划人员的薪资和活动策划费用
活动物资				包括活动场地租赁、设备租赁、物资采购等费用
广告成本				包括广告投放和市场推广的费用
其他成本				其他未列出的成本项目，如设备、特殊需求等

3) 降低社群运营成本的方法

对于一个新社群，如何有效降低社群的运营成本呢？以下一些方法可供参考。

(1) 精确定位目标受众

在社群运营初期，明确目标受众的定位，并以此为依据制定策略。这样可以在资源分配和推广上更加精确，减少浪费。

(2) 优化内容生产流程

高质量的内容是吸引和留住用户的关键。合理规划内容生产流程，提高内容的质量和效率，有助于降低运营成本。

(3) 制定有效的激励机制

合理的激励机制可以激发用户的参与热情，提高社群的活跃度。例如，设立积分系统、奖励制度等，让用户有更多的参与动力。

(4) 利用现有资源

充分利用现有资源，避免重复工作和浪费。例如，可以与其他社群或机构合作，共享资源，以降低运营成本。

(5) 精细化管理

通过精细化的管理，合理分配人力、物力和财力资源，提高运营效率。例如，可以采用项目管理的方法，对每个项目进行精细化的管理和控制。

(6) 创新运营模式

通过创新运营模式，打破传统的社群运营方式，以降低成本。例如，可以采用众包、共享经济等方式，让用户参与到社群的运营中来，从而降低运营成本。

(7) 合理利用广告资源

合理利用广告资源，提高广告投放的精准度和效果，可以降低广告投放的成本。例如，可以采用程序化购买广告的方式，提高广告投放的效率和效果。

(8) 定期评估和优化

定期评估社群运营的成效和成本，及时调整策略和优化工作流程。这样可以不断改进运营方式，降低成本。

在这一过程中，我们可以利用简道云(www.jiandaoyun.com)工具，该平台提供的表单、流程、分析仪表盘、知识库等功能模块，能帮助社群快速完成流程整理、成本记录和计算。简道云界面如图9-8所示。

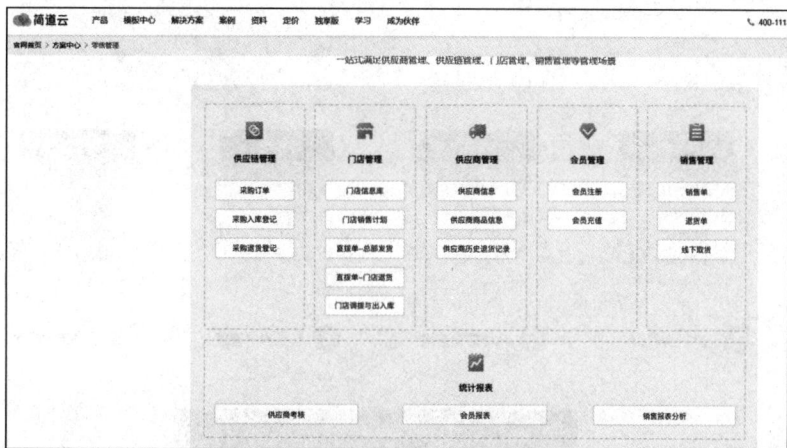

图9-8 简道云界面

3. 复制社群，引爆影响力

当一个社群的种子群运营成熟后，就可以考虑复制社群。这样可以快速、低成本地扩大社群规模，并且进行商业增值。社群复制方式有多种，主要包括以下几种。

1) 中心化复制

复制一个社群的成功模式，并将其应用到其他类似的社群中。例如，在社交媒体平台上，一些网红或社群领袖可以将自身的成功模式复制到其他类似的社群中，以吸引更多的粉丝或成员。

2) 去中心化复制

培养社群中的核心成员或KOL(关键意见领袖)，使他们成为新的社群领袖，并在新的社群中复制原有的成功模式。这种方式可以更快地扩大社群规模，同时降低管理成本。

3) 跨平台复制

将一个社群的成功模式复制到不同的社交媒体平台上，从而吸引更多的用户。例如，如果郭志的英语打卡社群在微信群上取得成功，可以将其原样复制到QQ群、微博粉丝群等其他平台。

4) 裂变式复制

通过用户的自发分享和传播，将社群的成功模式复制到更多的用户中。如瑞幸咖啡的社群复制，就是典型的裂变式复制。

需要注意的是，在社群复制之前，一定要把种子群打磨好，并且配备足够的社群运营资源(如人力、软硬件、物料等)，以免出现短时间内用户暴增而运营能力跟不上的窘境。

此时，可以采用一些工具，如微伴助手、微盟企微助手(见图9-9)等。这些工具提供的群发消息、自动回复、群成员管理等功能，可以帮助运营者更好地管理多个社群，提高运营效率。

图9-9　微盟企微助手

案例分析

瑞幸咖啡社群的快速扩张

瑞幸咖啡(其商标如图9-10所示)主要通过各种营销活动和优惠政策，吸引和鼓励用户积极参与和分享，从而促进用户裂变和品牌传播。

图9-10　瑞幸咖啡

• **优惠券裂变**

瑞幸咖啡通过发放大量的优惠券，鼓励用户在社交媒体上分享，通过好友助力等方式获取更多的优惠券。这种方式可以让用户自发地传播品牌，增加新用户的同时，提高品牌知名度。

- **会员制度**

瑞幸咖啡推出了会员制度。会员可以享受更多的优惠和特权。通过会员的分享和推荐，可以实现社群复制，吸引更多的用户加入。

- **咖啡达人计划**

瑞幸咖啡推出了咖啡达人计划，鼓励用户邀请好友加入并消费。邀请好友的用户可以获得免费赠饮和积分，积分可以兑换各种礼品或优惠券。这种邀请机制让用户更加愿意分享给自己的朋友和家人。

- **线上互动活动**

瑞幸咖啡还通过线上互动活动，如幸运转盘、答题游戏等，吸引用户参与并分享到自己的社交媒体上，以增加用户黏性和活跃度，同时也能够为品牌带来更多的曝光机会。

通过这些社群复制策略的运用，瑞幸咖啡成功地吸引了大量用户并建立了稳定的品牌忠诚度。这种策略的成功在于其对用户需求的精准把握和满足。

任务9.3　社群的收获

📖 任务引导

　　通过不懈努力，郭志的英语打卡社群运营得有声有色，从1个群扩展到了5个群，英语打卡营也举办了好几期。打卡体验课程带动了线下课程的销售。主管对郭志的工作很满意，让郭志写一份总结，以便展示社群的成就。然而，郭志又犯了难：社群每天都很活跃，但是除了买课程的收入以外，还能有哪些收获呢？

◎ 核心知识

　　社群发展逐步成熟，有了稳定的流量和商业增值能力，在潜移默化中不断散发其影响力。社群的收益有显性的，也有隐性的；有短期的，也有长期的。社群的收益主要体现在以下几个方面。

1. 商业收入

　　社群作为一种产品，在市场上流通的目的就是创造收入。因此，商业收入是社群运营的重要目标之一，也是主要的显性收入。关于其主要来源，在项目7《商业增值》中有详细阐述。

　　以知识型社群为例，它们会通过售卖课程、讲座、咨询等服务来获取收入。知乎Live就是一个典型的例子，它通过邀请各领域的专家和知识型网红开设讲座或分享会，吸引了大量用户付费参与。这种商业模式不仅为社群提供了经济支持，也为成员提供了有价值的内容和服务。

2. 品牌影响力

　　品牌影响力是社群发展的关键收益之一。一个具有影响力的社群，往往能够吸引更多成员加入，同时能够提升品牌的知名度和美誉度。例如，罗辑思维的社群定位为知识型网红聚集地，通过罗振宇等人的分享和推广，吸引了大量用户的关注和加入。随着社群的不断发展，罗辑思维的品牌影响力逐渐扩大，成为一个知名的文化品牌。

　　品牌影响力虽然无法直接体现在日常收入中，但是它具有巨大且可长期增值的潜在价值。社群的魅力在于同频人群之间巨大的吸引力，当一个用户还没有加入社群时，社群的品牌美誉度、身边人的推荐度，很大程度上决定了他是否加入社群。对于品牌方而言，也会优先选择口碑好、信誉佳的社群进行广告投放。

　　此外，当社群发展到需要资本助力的阶段，品牌影响力也是吸引优质投资机构和投资人的重要因素。

3. 资源链接

　　资源链接是指社群成员之间的相互介绍、推荐、合作等行为。一个好的社群能够为成员提供有价值的资源链接，帮助他们扩大人脉圈子和提供商业机会。例如，脉脉作为一个职场社交平台，通过建立基于职业背景的社群，让用户之间可以相互交流、分享经验并拓

社群助力
品牌建设

展人脉。通过这种资源链接的方式，社群成员可以获得更多的商业机会和合作可能。

然而，很多社群运营者过分关注商业收入，而忽视了社群用户带来的资源链接。我们要记住，社群的魅力来自同频、同好、同需求的一群人形成的强烈的信任感和归属感。特别是高净值人群(指收入较高群体)，他们更在意社群能给他们带来的商业信息互通、商业资源互联、商业人脉互助。这些需求的价值实际上远远大于社群通过销售、广告等带来的显性收益。

在这种情况下，社群管理者可以利用二维码生成器，将群内的各类资源链接转换成二维码，便于成员通过扫码直接访问。二维码生成器支持多种格式的输出，如图片、PDF(可移植文件格式)等。

借助资源管理器工具，如印象笔记(见图9-11)等，社群管理者可以对社群资源进行整理和分类，方便成员查找和获取。这些工具还支持多人协作和实时同步功能。

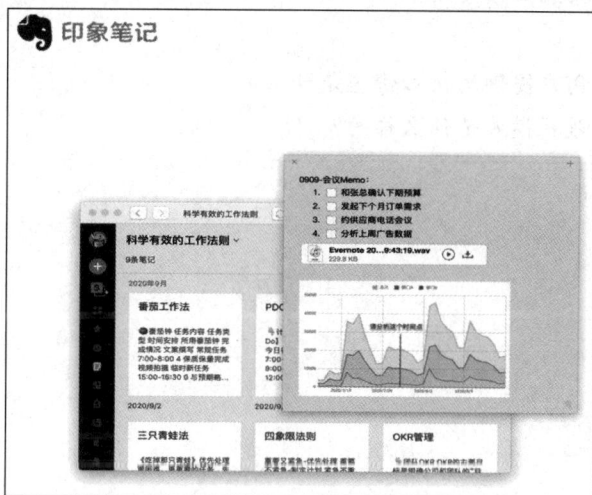

图9-11 印象笔记

案例分析

正和岛的"3×1"企业家社群模式

正和岛作为一个企业家平台，其使命是助力企业家持续成长，让新商业文明的曙光温暖世界。

十几年来，正和岛服务了超过9000家企业，其中包括上市公司545家、领袖企业279家、行业冠军1458家。正和岛汇聚了超过100万名中小企业决策者、超过500位顶级专家学者、超过1100万个新媒体用户。热情的岛亲(会员昵称)，自发组织并运营了30个省级区域的学习成长中心、60多个部落以及超过200个学习小组，线上线下组织了超过6000场活动。

在过去的十几年中，正和岛挖掘了3500多个成功案例。通过案例的研究和对会员经验的提炼，带会员走进企业案例现场，深度还原真实商战中的企业文化、管理机制和决策流程。

正和岛独创了"(适配的伴+高明的师+交互的场)×信任度"——"3×1"的社群运营模式。

适配的伴：邀请适配企业案例的企业家们走进现场。

高明的师：企业的创始人、领导者和顶级管理专家一起来剖析企业的发展路径。

交互的场：在企业案例的现场，企业家们进行思想碰撞、深度交流，从而实现互助互学。

信任度：在正和岛社群中建立的深度交流的信任基础。

除了现场学习，正和岛还通过视频、直播等新媒体手段，将案例现场变成公开课，导入学习成长中心、正和塾学习小组，传播企业增长之道，帮助企业家在成功的案例中领悟真谛。

思考：

1. 该社群给用户提供的核心价值是什么？

2. 该社群的盈利模式是什么样的？

任务9.4 社群的结束

任务引导

郭志的英语打卡社群已经运营了3个月。随着公司产品线的更新，原先的7天打卡课程即将下架了，郭志的打卡社群也完成了历史使命。

由于社群运营得非常成功，主管让郭志在公司会议上汇报一下社群的工作成果，同时对社群的后续运营进行规划。那么，对于辛辛苦苦积累的用户，当我们把社群解散后，该如何最大化发挥他们的价值呢？

核心知识

1. 社群评价体系

在第8章《分析社群数据》中，我们介绍了社群用户增长分析为5个环节，即获客期、激活期、留存期、增值期、传播期(AARRR模型)。

在这5个生命周期中，我们可以选择9个核心指标(见表9-3)，构成社群评价的量化指标体系。

表9-3 社群评价体系的核心指标

生命周期	核心指标	针对的社群运营工作环节
获客期	入群率	拉新工作
	退群率	日常运营，用户维护
激活期	互动率	日常运营
	7日留存率	活动策划
留存期	用户留存率	产品和服务体验
增值期	转化率	产品和销售水平
	投入产出比(ROI)	成本和效益
	客单价	单个用户价值
传播期	裂变系数(K值)	裂变活动

表9-3中各指标的计算公式为：

入群率=入群人数/入群渠道曝光量

退群率=周期内退群人数/社区成员总数

互动率=当天有效发言人数/群成员总数

7日留存率=第7日留存用户数/新增用户总数

留存率=保留在群内的用户数/新增用户数

转化率=订单数/群成员总数

ROI = 成本/销售额

客单价= 订单总额/订单人数

裂变系数(K值)=邀请新用户数/发起邀请用户数

在日常的社群运营中，以及社群活动结束后，我们都可以用这套体系来评估社群的运营效果。如果各项指标表现出色，就可以将这个社群的运营经验复制到其他社群上。反之，如果指标不佳，要及时找出原因进行整改。

2. 社群遗留资源的二次利用

虽然社群由于各种原因会被解散，但它们遗留了大量宝贵的信息和资源。这些信息和资源可以通过以下方式进行二次利用。

1) 整理归档

社群是大量优质信息的储存地。社群结束后，要将社群中产生的信息和资源，按照主题、时间等方式分类，整理归档，便于后续的查找和使用。

管理者可以采用各类云存储平台进行文档的整理归档。例如，百度网盘(见图9-12)可提供大容量的云存储空间，支持文件的上传、下载和分享，特别适合存储和分享大型的社群资源。夸克网盘同样提供云存储服务，支持多种格式文件的存储和分享，且拥有较高的下载速度。

图9-12 百度网盘

2) 提炼

对于整理好的信息和资源，我们应当进行筛选和提炼，选取其中有价值、有代表性的内容进行深入的分析和研究。这些精选的内容可以用于后续的社群运营、品牌推广、产品开发。

3) 二次分享

将社群中受欢迎的信息和资源进行二次分享，通过社交媒体、一对一私信、邮件等方式传播给更多的人。这不仅可以扩大社群的影响力，还可以增加成员的参与感和归属感。

4) 组织线下活动

将社群中志同道合的人组织起来，定期举办线下活动，加深彼此的了解和合作。这不仅可以拓展人脉，还可以促进资源的共享和利用。

5) 建立社群数据库

用社群中产生的信息和资源建立数据库，方便成员随时查询和使用。数据库包括通讯录、文档、图片、视频等多种资源，可以根据社群的特性和需求进行设计。

6) 持续运营

如果社群运营得比较成功，可以将社群中的活跃用户或已付费的用户重新建群，继续

社交媒体与社群的整合策略

保持社群的活跃度，吸引用户持续关注和参与。同时，也可以根据遗留的信息和资源，策划一些新的活动或项目，进一步扩大社群的影响力和价值。

社群是暂时的，但是人和人的链接是长期的需求。社群只是满足用户链接需求的一个平台。社群结束了，但是用户对社群的信任和链接并没有结束。不少商家利用社群的这个特性，专门设置短期社群，即"快闪群"，通过限时团购吸引用户，实现批量转化和裂变，有需求则建群，群使命完成后则解散，最大程度降低用户入群时的心理负担，这不失为一种好方法。

⊛ 知识拓展

快闪群的玩法

什么是快闪群？

快闪群，即超短时间的团购秒杀群、购买群、游戏群，如24小时愚人节活动群(见图9-13)。这种社群以小时为单位，通过短期的优惠刺激，利用人们的从众心理、稀缺效应以及紧迫感，达到快速出单、批量成交的目的。

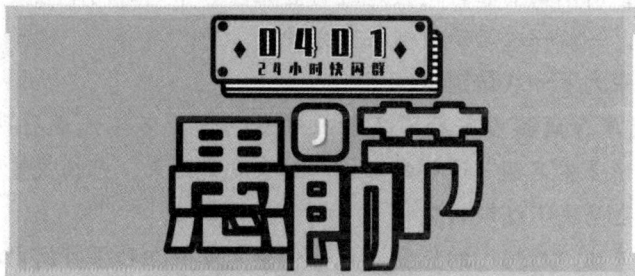

图9-13 愚人节活动快闪群

快闪群一般适用于决策成本低、产品服务相对标准化的零售企业、平台型电商，或线下实体门店。与朋友圈、App里所谓的"限时秒杀"相比，快闪群更能营造秒杀的氛围。

快闪群的操作流程分为4步：选品、预热、营造氛围、收尾。

快闪群不是用来清库存、销售快过期和卖不掉的产品的，而是一种对优质产品的有效促销手段。快闪群选品至少具有三个特点：价格低、高价值、普适性强。

价格低快闪群的本质是批量成交、薄利多销。因此，群内产品的价格要比市面上有优势，绝对不能贵。

高价值≠高价格。产品与同类竞品相比，在功能上要有优势，或是能让用户感受到不一样的情感价值。如果没优势，产品是普通商品，则只能打价格战。

普适性强产品的受众面广，决定了参与快闪群活动的人数多。

预热：多渠道触达

快闪群的成功不在于人多，而在于精准邀请那些对活动感兴趣的用户，即那些愿意主动进群，或主动报名参与的用户。如何精准找到他们呢？可以通过多渠道触达来实现。

在快闪群准备阶段，可以在朋友圈发起一个调查，了解大家想要参加什么活动，想要哪些产品打折。在评论区留言，呼声最高的选项将被采纳。

在活动开始前6小时、2小时、30分钟，分别发一条朋友圈，利用倒计时、活动即将开始的文案，进行最后的预热。

除了朋友圈，还可以通过私域的其他渠道来宣传，比如公众号、会员群、视频号。同样地，先对感兴趣的用户进行标签化管理，活动开始前通过一对一私聊邀请他们进群。

氛围：社群氛围促下单

活动开始前2小时，配合朋友圈文案，开始一对一私聊邀请他们进群。在群内，根据进群人数、速度，每隔一段时间发布一次群公告(一般以半小时为单位)，告知快闪群流程及相应的权益。

群内要适当安排5~10名工作人员引导用户。营造社群氛围分为4步：红包提醒、产品介绍+团购接龙、订单刷屏、限时限量。

活动开始前10分钟，可以在群内发10~15个红包，单个金额为3~5元，人数为20人。活动正式开始后，对产品卖点进行介绍。单一产品的介绍时间控制在3分钟内，以简洁明了为主。在介绍过程中，要尽可能多图、多细节，以增进真实度。

介绍完产品后，可以引导想下单的用户进行群接龙。我们可以想一个理由，比如，因为本次是特价秒杀，所以需要在群内接龙进行登记。秒杀的时间不宜太长，以免无法体现"秒杀"的紧迫感，一般一次活动控制在30分钟内。

收尾：果断结束为下一次做铺垫

秒杀时间到或库存商品卖完后，不管业绩如何，千万不能进行所谓的"追加多少份""向老板再申请多少名额"这样的操作。结束就是结束，哪怕仅差1分钟、1秒，或者要买的用户再多，也坚决不继续销售。

我们要让用户产生"后悔"的感觉，让他们感觉没有在秒杀时间内抢购的决定是错误的。让他们知道快闪秒杀是非常稀缺的，这次不抢购，下次就要以更高的价格去购买。

活动结束后，社群一般会直接解散。秒杀群的功用就是"秒杀"，不可觉得可惜而保留社群，这样的"死群"也没有存在的意义。

课后练习

一、单选题

1. 以下关于社群名称的描述，哪个是不正确的？(　　)

A. 简洁明了　　　　　　　　　　　B. 准确反映社群的定位和特点

C. 朗朗上口，便于记忆　　　　　　D. 尽量用生僻字，体现个性

2. 以下哪些属于社群主输出物？(　　)

A. 文字资料　　　　B. 图片合集　　　　C. 视频　　　　D. 以上皆是

3. 社群是一种(　　)，其运营和推广一定是需要成本的。

A. 商品　　　　　　B. 产品　　　　　　C. 模型　　　　D. 组织

4. 以下哪个不是社群运营的主要收获？（　　）

A. 商业收入　　　　　B. 品牌影响力　　　　C. 资源链接　　　　　D. 线下活动

5. 社群生命周期的5个环节分别是？（　　）

A. 组织期　　　获客期　　　发展期　　　增值期　　　结束期

B. 筹备期　　　发展期　　　增值期　　　衰退期　　　结束期

C. 获客期　　　激活期　　　留存期　　　增值期　　　传播期

D. 获客期　　　生长期　　　活动期　　　衰退期　　　结束期

6. 使用文心一言等AIGC工具进行社群营销时，以下哪项不是需要注意的问题？（　　）

A. 确保生成内容的质量

B. 避免过度依赖AI而忽视人性化交流

C. 无须关注用户隐私和数据安全

D. 及时调整AI生成的营销策略以适应市场变化

二、多选题

1. 社群启动的基本要素有哪些？（　　）

A. 社群名称　　　　　B. 社群口号　　　　　C. 社群主输出物　　　D. 社群主视觉

2. 关于社群运营SOP的正确描述有哪些？（　　）

A. 社群运营SOP在社群刚开始成立时就要制定

B. 社群运营SOP必须详细、科学且灵活

C. 社群运营SOP在人多时候才需要，社群人少时候可以不要

D. 社群运营SOP包括社群的运营、管理、维护等内容

3. 下列关于营造社群氛围的方法，正确的描述有哪些？（　　）

A. 定期互动与交流　　B. 组织线上/线下活动　　C. 建立互助机制

D. 经常发大额红包　　E. 全靠管理员灌水

4. 社群的运营成本包括哪些？（　　）

A. 人力资源成本　　　B. 设备成本　　　　C. 推广宣传成本　　　D. 特殊需求成本

5. 社群复制的主要方式有哪些？（　　）

A. 中心化复制　　　　B. 去中心化复制　　C. 跨平台复制　　　　D. 裂变式复制

6. AIGC工具在社群营销中的优势主要体现在哪些方面？（　　）

A. 能够快速生成大量营销内容　　　　B. 可以根据用户行为实时调整营销策略

C. 能够提供高度个性化的营销体验　　D. 可以完全替代人工进行营销工作

7. 为了确保AIGC工具在社群营销中的有效应用，企业需要做哪些工作？（　　）

A. 选择合适的AIGC工具　　　　　　B. 培训员工掌握AI工具的使用方法

C. 建立完善的用户数据保护机制　　　D. 不断优化和调整营销策略以适应市场变化

扫码自测

三、简答题

1. 简述社群的生命周期。

2. 简述社群发展过程中各个环节的主要工作内容。

3. 如何评价一个社群运营工作的优劣?

4. 如何用AIGC工具设计社群裂变海报?

四、思考题

1. 社群结束后遗留的宝贵资料,除了本节介绍的二次利用方法之外,还可以有哪些继续发挥价值的方式?

2. 谈谈AIGC工具对社群运营工作的影响。

五、实操题

1. 请3~5位同学组成一个团队,利用网络寻找1~2个曾经成功运营、目前已经结束的社群,分析其从建立到结束的全过程,完成以下作业,并进行组内的自评与互评。

(1) 制作社群启动方案(需包含社群启动基本要素和种子用户获取方案)

(2) 制作社群运营SOP(包含内容运营、活动组织、成员管理及扩张维护)

2. 为"任务引导"中的郭志设计一个社群工作评价表格。

3. 在表9-4中进行组内的自评与互评。

表9-4　任务训练评分表

任务环节	工作内容	参与成员	自评分	小组评分

项目10 探究社群的未来发展

项目目标

知识目标：

1. 了解元宇宙的基本概念和发展现状。

2. 了解元宇宙社群的特点。

3. 知晓元宇宙社群存在的问题和挑战。

4. 了解社群道德文化的建设路径。

技能目标：

1. 能结合元宇宙进行社群的业务拓展。

2. 能为社群设计社群文化体系。

素养目标：

1. 树立正确的元宇宙认知。

2. 辩证看待元宇宙在社群中的应用。

3. 树立积极向上的社群价值观。

思维导图

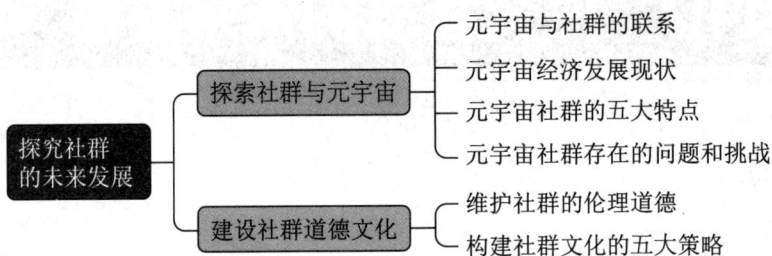

● 学到的知识

_____

_____

_____

● 掌握的技能

_____

_____

_____

● 提升的素养

_____

_____

_____

任务10.1　探索社群与元宇宙

📑 任务引导

张宇平时酷爱摄影，自己组建了一个摄影爱好者社群。在这里，大家可以交流心得、组织线下拍摄活动等。随着社群的壮大，他想吸引更多的外地摄影爱好者加入。但由于距离的限制，线下的聚会比较难操作。无奈之下，张宇想到了这两年比较热门的元宇宙，尝试用元宇宙搭建一个虚拟的摄影社群来解决地域的问题。张宇的想法能成功吗？在实施中又会遇到什么问题呢？

◎ 核心知识

1. 元宇宙经济发展现状

1) 元宇宙概述

元宇宙，这个充满未来感的词汇，诞生于科幻小说和电影的肥沃土壤。1981年，威廉·吉布森在其小说《神经漫游者》中，首次提出了这个概念。它描述了一个通过脑机接口进入的虚拟共享空间。随后，随着科技的飞速发展，尤其是网络和图形处理技术的发展，这一概念逐渐从虚构走向现实。

浅谈社群
与元宇宙

随着VR(虚拟现实)、AR(增强现实)和MR(混合现实)技术的突破，我们如今可以构建更为逼真的虚拟世界。这些技术不仅为娱乐和游戏带来了新体验，还为教育、医疗、设计和生产制造等领域打开新大门。随着5G、云计算和AI技术的发展，元宇宙所需的底层技术已经日趋成熟。

2) 国内元宇宙发展趋势

2021年被称为国内的"元宇宙元年"。2021年12月30日，上海市经济和信息化委员会印发了《上海市电子信息产业发展"十四五"规划》(以下简称《规划》)。《规划》提出，加强元宇宙底层核心技术基础能力的前瞻研发，推进深化感知交互的新型终端研制和系统化的虚拟内容建设，探索行业应用。新一代信息技术融合应用，围绕人工智能+大数据、云计算+边缘计算、5G+扩展现实、区块链+量子技术、云边端协同、数字孪生+数据中台等方面，推进技术协同攻关、标准规范制定和平台建设、应用创新等。这是元宇宙首次被写入地方政府工作报告。元宇宙在中国发展迅速，逐渐渗透到各行各业。

(1) 娱乐与游戏。得益于元宇宙的沉浸式体验，它在娱乐和游戏行业中的应用最为广泛。目前，国内已有多个大型在线游戏平台正在尝试构建自己的元宇宙空间。

(2) 教育。元宇宙为教育带来了前所未有的可能性。例如，学生可以通过虚拟现实技术进入古代的历史场景，或是参观遥远的天文奇观。一些高校甚至开设了虚拟现实课程，以培养学生的创新和实践能力。

(3) 工业生产。在工业领域，元宇宙可以帮助企业进行产品设计和模拟测试，大大降低成本和时间。例如，汽车制造商可以利用虚拟现实技术模拟汽车的驾驶体验，从而更快地完善设计。

(4) 文化和艺术。元宇宙也为文化和艺术带来了新的展示和体验方式。例如，博物馆可以创建虚拟展览，让观众在家中就能参观各种珍贵文物；艺术家可以在元宇宙中创作和展示自己的作品，打破传统艺术的界限。

(5) 社交。元宇宙正在改变人们的社交方式。国内的社交平台，如微信、QQ等，也在尝试引入虚拟现实技术，为用户提供更为丰富和沉浸式的社交体验。

(6) 商业和零售。元宇宙正在改变商业和零售业的面貌。例如，消费者可以在元宇宙中试穿虚拟服装或查看产品的3D(三维)模型，进而做出购买决策。

案例分析

奈雪的茶：元宇宙营销新纪元，GMV 近 2 亿元的创新实践

在2022年的营销舞台上，新茶饮品牌奈雪的茶以其独特的元宇宙营销组合拳，成功吸引了消费者的目光，并在短时间内创造了近2亿元的GMV(商品交易成交额)佳绩。这一创新实践不仅彰显了奈雪的茶在品牌营销上的远见卓识，也为整个新茶饮行业树立了新的标杆。

1. 元宇宙营销组合拳：盲盒+直播

1) 虚拟品牌大使NAYUKI的惊艳亮相

奈雪的茶首先通过视频号发布了一段概念视频，正式宣布其虚拟品牌大使NAYUKI(见图10-1)的诞生。这一举措不仅让奈雪的茶成为新茶饮行业中率先进军元宇宙的品牌，更通过NAYUKI这一形象，为消费者带来了全新的品牌体验。同时，奶茶届进军元宇宙的话题也在社交媒体上引发了广泛讨论，进一步提升了奈雪的茶的品牌知名度。

图10-1　奈雪的茶虚拟品牌大使NAYUKI

2) 实物潮玩与数字藏品的双重魅力

紧接着，奈雪的茶推出了NAYUKI实物潮玩。这款高约28厘米的潮玩不仅设计精美，还附带了丰富的首发福利，包括1000元奈雪心意卡限定黑卡等。与此同

时，奈雪的茶还采用盲盒的形式配套发售了7款线上数字藏品，全球限量发行300份，为消费者带来了更多的惊喜和期待。

3) 电商直播的强力助推

在直播中，奈雪的茶推出了"会员储值卡充100元得150元"的福利活动。这一举措不仅吸引了大量消费者的关注，更通过直播的互动性和实时性，进一步提升了消费者的购买欲望。在72小时内，奈雪的茶成功斩获了近2亿元的GMV。这一成绩相当于奈雪的茶全国门店近一周的销售额，充分展示了元宇宙营销的强大威力。

2. 奈雪的茶元宇宙营销分析与启示

1) 热点营销：抢占消费者心智

奈雪的茶巧妙地将"六周年庆典"与"元宇宙"两大热点相结合，通过热点+促销的营销方式，不仅让奈雪的茶在消费者心中树立了先锋潮流的品牌形象，还实现了销售业绩的快速增长。

2) 品牌形象虚拟化：书写新故事，寻找新增量

奈雪的茶借助元宇宙概念推出虚拟形象NAYUKI，这一举措不仅符合潮流趋势，更符合品牌发展阶段的需求。通过虚拟IP的发布，奈雪的茶可以更好地书写品牌故事，为品牌增加新的记忆点。同时，NAYUKI这一形象也为奈雪的茶带来了更多的故事，未来可嫁接到更多的周边产品上，为品牌带来持续的增长动力。

3) 数字藏品增加互动性：社交货币与忠诚度奖赏

奈雪的茶通过发行数字藏品，为消费者带来了更多的互动性和话题性。数字藏品的稀缺性让消费者获得了炫耀的资本，同时也成为消费者之间社交的货币。这一策略不仅提升了消费者的忠诚度，更让奈雪的茶在消费者心中树立了引领潮流的品牌形象。

3. NFT营销延伸思考

奈雪的茶的元宇宙营销实践为我们提供了宝贵的启示。随着元宇宙和NFT(非同质化通证)概念的逐渐普及，消费品牌借助这些新兴概念进行营销的形式将变得越来越普遍。一个完善的营销组合或许能出奇制胜，帮助品牌增加销售额的同时增加品牌影响力。然而，无论品牌最终是否选择进入元宇宙，关键在于如何通过这些新兴概念激活现有消费者，吸引新消费者互动，从而推动品牌的持续发展。

2. 元宇宙与社群的联系

元宇宙和社群存在相似之处。它们都提倡用户互动、共同生产内容。社群属性可以被视为元宇宙的特性之一。把元宇宙和社群营销加在一起，能够让元宇宙焕发新的活力。

1) 元宇宙为社群提供新的交流平台

元宇宙是一个平行于现实世界又独立于现实世界的虚拟空间，是映射现实世界的在线虚拟世界，是趋于真实的数字虚拟世界。在元宇宙中，人们可以借助数字化身进行社

交活动。这种新型的社交方式不仅打破了时间和空间的限制，还为社群成员提供了更加丰富、多样的交流方式。元宇宙中的社交场景可以是虚拟的演唱会、音乐会、展览等，也可以是虚拟的办公室、会议室等。这些场景为社群成员提供了更加真实、沉浸式的社交体验。

2) 元宇宙促进社群关系的深化

在元宇宙中，社群成员可以更加自由地表达自己的观点和想法，也可以更加直观地了解其他成员的想法和状态。这种高度互动性和即时反馈性有助于社群成员之间建立更加紧密的联系和信任关系。此外，元宇宙中的虚拟空间也为社群成员提供了更多的共同体验。这些共同体验有助于增强社群成员之间的归属感和凝聚力。

3) 元宇宙为社群带来新的商业模式

随着元宇宙的发展，越来越多的商业活动开始在其中进行。社群可以利用元宇宙的虚拟空间进行品牌推广、产品展示和销售等商业行为。这些活动不仅可以提高品牌的知名度和影响力，还可以为社群成员带来更多的商业机会和经济收益。同时，元宇宙中的虚拟货币和数字经济也为社群提供了新的商业模式和盈利方式。

3. 元宇宙社群的五大特点

区别于线上社群，元宇宙社群整合了线上线下的社交优势，搭建了一个全息的虚拟现实平台。它打破了时间和空间的限制，允许人们通过自己的虚拟化身，在社交平台上以接近真实的方式完成交流、娱乐等活动，以实现自我价值为目的分享内心真实感受，并建立社交连接。

1) 角色塑造

在元宇宙中，每个用户都可以为自己创建一个独特的角色。这个角色不仅是一个简单的昵称，还可以深度定制，包括外观、服装、声音等。用户可以根据自己的喜好和风格来设计角色，充分展现个性。此外，随着技术的进步，角色塑造的自由度将进一步提高，用户甚至可以定制角色的性格、技能和属性。

2) 全景场景

元宇宙社群中的社交场是一个全景化的空间，用户可以在其中自由探索并与他人互动。这种全景化社交场打破了传统社交平台的局限，让用户可以更加自然、真实地与他人交流——不仅可以用文字交流，还可以通过虚拟现实技术进行语音交流、表情交流甚至身体动作交流。

3) 数字产权

在元宇宙社群中，用户的创作成果可以得到数字产权保护。这意味着用户在元宇宙中创作的作品，无论是文字、音乐、绘画，还是其他形式的创作，都可以得到官方的认证和保护。这种数字产权化有助于激发用户的创作热情，推动元宇宙社群的多样性和活力。

4) 形象具象化

在元宇宙中，用户的社交形象可以具象化呈现。用户在加入社群时可以选择在虚拟世界中是以真实形象出现，还是以虚拟形象出现。这类似于我们玩游戏刚进入时的角色和皮肤选择。

这种具象化呈现方式使得用户在虚拟世界中的互动更加真实、生动。此外，随着技术的不断进步，社交形象的具象化呈现将越来越逼真，将为用户带来更加沉浸式的体验。

5) 沉浸包容

元宇宙社群具有高度的包容性，不同的文化背景、年龄层次和兴趣爱好的人们都可以在这里找到归属感。元宇宙不仅是一个虚拟空间，更是一个多元化社区的集合体。

同时，元宇宙通过先进的技术(如AR、VR等)为用户提供了沉浸式的体验，使得用户能够完全沉浸在虚拟世界中，忘却现实世界的烦恼和压力。这种沉浸感是传统社交平台所无法比拟的。

以上这些特点使得元宇宙成为一个与众不同的虚拟世界，为人们提供了一个全新的互动和娱乐平台。随着技术的不断进步和社会对元宇宙认知的加深，元宇宙社群将会成为未来社群形态中独特的风景。

4. 元宇宙社群存在的问题和挑战

1) 现实与虚拟的边界风险

元宇宙社群模糊了现实与虚拟的界限，使得人们可以在其中自由地交流和互动。然而，这种边界模糊也带来了一些问题。一方面，元宇宙中的行为和言论可能会对现实世界产生影响，例如在元宇宙中传播虚假信息或进行欺诈。另一方面，人们在元宇宙中的沉浸式体验可能对现实生活产生干扰，例如过度沉迷元宇宙中的虚拟社交而忽略现实生活中的社交和人际关系。

2) 虚拟货币的经济风险

在元宇宙中，虚拟货币与现实货币具有同等的价值，这反映了一种可能的未来经济形态，即虚拟经济与实体经济并驾齐驱，甚至在某些方面可能超越实体经济。这种经济体系的重构可能会引发一系列连锁反应，包括传统的货币体系、税收政策、财富分配等。

此外，虚拟货币的交易缺乏有效的监管机制，可能会导致市场的不公平和欺诈行为。虚拟货币还涉及盗窃、洗钱等犯罪问题。

3) 信息安全风险

元宇宙社群中的信息安全问题也是一大挑战。由于元宇宙中的信息和数据涉及用户的隐私和资产安全，因此需要采取有效的措施来保障安全。然而，由于元宇宙的开放性和匿名性特点，信息安全风险仍然存在。例如，用户的个人信息可能会被泄露或滥用，用户的虚拟财产也可能会被盗取或受到侵害。

4) 道德伦理风险

由于元宇宙中的行为和言论缺乏有效的监管机制，一些不道德的行为和言论可能会出现。例如，在元宇宙中传播恶意信息、进行欺诈、侵犯他人隐私等。这些行为不仅会对他人造成伤害，也会对元宇宙社群的声誉和长期发展造成负面影响。此外，元宇宙中还存在虚拟犯罪、虚拟财产的权益等问题。

案例分析

《头号玩家》的世界

2018年上映的《头号玩家》(见图10-2)是由美国著名导演斯蒂芬·斯皮尔伯格执导的一部科幻电影。影片讲述了一个在现实生活中缺乏依靠的大男孩,为逃避现实生活而沉迷于游戏世界,凭借对人生的反思顺利通过游戏终极关卡,回归现实世界并收获爱情和财富的故事。

图10-2 《头号玩家》电影宣传海报

影片的故事背景设定在2045年,一个社会经济衰退、生态环境恶化的世界。一位名叫哈利迪的游戏工程师,利用VR技术,创造了一个名为"绿洲"的3D虚拟世界。这里有繁华的都市和形形色色的玩家,为人们提供了一个实现梦想、成为超级英雄的舞台。人们只要佩戴VR眼镜、穿上体感服装等智能设备,便能进入这个与现实截然不同的虚拟空间。

游戏对视觉、听觉、触觉等感官体验进行了高度模拟还原,让玩家仿佛置身于一个真实的世界。许多人因此放弃学业、变卖家产,只为了在"绿洲"中追求名声和财富,寻求心灵的慰藉,逃避现实。而游戏的创始人哈利迪在临终前宣布,将他的巨额财产和"绿洲"的所有权赠予第一个找到三把神秘钥匙的人,这一决定在全球范围内引发了一场激烈的竞争。

《头号玩家》不仅是一部电影,还深刻地预言了未来社会的面貌。影片描绘了一个被VR技术所环绕的未来世界。在这个世界里,元宇宙成为人们日常生活中重要的一部分,对现实世界产生了深远的影响,同时也带来了心理上的风险,比如沉迷与依赖、身份认同的模糊、真实与虚假的界限模糊。

《头号玩家》向我们展示了一个充满无限可能但也充满风险的元宇宙未来。如何在享受元宇宙带来的便利和乐趣的同时,保持虚拟与现实的平衡,避免过度依赖和沉迷,是未来社会需要深入探讨和解决的问题。

任务10.2　建设社群道德文化

任务引导

经过深入学习，张宇认识到元宇宙社群不是开个账号、选个角色就可以搭建的，它涉及众多法律、伦理、文化方面的问题。

社群本质上是一个组织。这个组织除了有显性的规则和章程，还要有隐性的文化内涵。那么，社群的文化该如何打造呢？怎样才能让社群充满正能量，并成为用户发展的助推器呢？

核心知识

1. 维护社群的伦理道德

1) 制定明确的伦理规范

我们要制定明确的伦理规范，让成员明确知道在社群中应该遵循的行为准则。这些规范包括但不限于尊重他人、保护隐私、诚信交往等。通过这些明确的规范，我们可以引导成员形成良好的行为习惯，从而维护社群的和谐氛围。

维护社群
伦理道德

2) 及时处理违规行为

在社群运营过程中，难免会遇到一些违规行为。这时候，我们要及时发现并处理这些行为，以维护社群的正常秩序。例如，对于恶意攻击、侵犯隐私等不良行为，我们可以采取警告、禁言、移除不良内容等措施进行处罚。通过果断有效的处理，我们可以彰显社群对伦理规范的重视，并警示其他成员遵守规则。

3) 管理者应以身作则

在社群的日常运营中，管理者的行为如同社群的风向标，引导着成员的言行。管理者要做到诚实守信、公正无私，以实际行动展示对社群规则的尊重和遵守。比如，社群遇到有限资源分配的问题，管理者应主动放弃个人利益，优先考虑社群需求和成员间的公平性，公开透明地讨论分配方案，并确保每个成员都能发表建议，最终达成一个能让各方都满意的方法。这对社群成员具有示范作用，能在社群中迅速建立起自己的威望。

2. 构建社群文化的五大策略

1) 明确核心价值观

要确立社会主义核心价值观在社群中的核心地位。这些价值观包括爱国主义、集体主义、公正、诚信等，是指导社群成员行为和言论的重要准则。在社群中，应大力宣传和倡导这些价值观，使它们深入人心。

2) 建立积极健康的交流氛围

社群应成为传播正能量、弘扬主旋律的平台。对于任何形式的攻击、谩骂或挑衅性言论，都应采取相应的措施，如禁言、警告或移除出群等。同时，鼓励成员发表正面、建设性的观点和意见，营造积极向上的交流氛围。

3) 提供有价值的内容

社群的内容是吸引和留住成员的关键。群管理团队应提供与社会主义核心价值观相符的有价值的信息、知识和资源，鼓励成员分享自己的经验和见解。通过有价值的内容，提升社群的整体水平，增强成员对社群的认同感和归属感。

4) 建立有效的管理机制

社群的健康运行需要一套完善的管理机制。这包括设立管理员、制定社群规则、建立反馈渠道等。管理员应具备相应的素质和责任心，能够公正、公平地处理社群中的问题。同时，规则的制定和执行要公开透明，确保所有成员都受到同等的对待。

5) 建立互信互助的合作关系

社群成员之间应建立互信互助的关系。通过分享资源、经验和观点，成员可以共同成长和进步。同时，这种互信互助的关系也有助于增强社群的稳定性和凝聚力。

打造社群文化是一个复杂而重要的任务，这需要社群管理者和成员共同努力，只有这样，才能确保社群的健康、积极发展，为社会的和谐稳定做出贡献。

开阔眼界

罗辑思维的社群文化

罗辑思维社群于2012年12月21日成立，以"有种、有料、有趣"为口号，最初以线上音视频和线下活动为主。经过十几年发展，罗辑思维已经成为拥有广泛影响力和庞大粉丝群体的知识型社群。它通过不断探索和创新，实现了从单一的视频节目到跨年演讲，再到知识付费服务商的多元化转变。

截至2023年，罗辑思维的微信公众号粉丝数量已经突破千万大关，其中活跃粉丝占比超过60%。同时，得到App的用户数量也在持续增长，付费课程数量已经超过200门，涵盖了各个领域的知识和技能。此外，罗辑思维的线下活动也吸引了大量粉丝参与，如每年举办的"时间的朋友"跨年演讲，已经成为知识爱好者期盼的年度盛会。

罗辑思维之所以能取得今天的成就，与其注重社群文化息息相关，以下是罗辑思维建设社群文化的一些做法。

对人的关注：罗辑思维非常注重对用户的关注，不仅提供用户需要的内容，还试图了解他们的需求和痛点。这种对用户的深入理解和关心，使得社群成员感到被重视和认同，进一步增强了他们对社群的忠诚度。

共同价值观的塑造：罗辑思维通过内容传递出"爱智求真"的价值观。这种价值观吸引了具有相同追求的用户。在社群中，这种价值观被强化和认同，形成了强大的社群凝聚力。

活动与互动的多样性：罗辑思维经常举办各种线上和线下的活动，如读书会、讲座、线下聚会等。这些活动为用户提供了更多互动和交流的机会，增强了社群的活跃度和成员的归属感。

　　跨界合作与创新：罗辑思维不断与其他领域进行跨界合作，例如，与优酷合作推出视频节目、与各大出版社合作推广书籍等。这种合作不仅丰富了社群的内容，也为社群带来了更多的外部资源，进一步提升了社群的吸引力。

　　社区规范与引导：为了保持社群的健康氛围，罗辑思维制定了一些社区规范，如禁止不友善的行为、鼓励分享等。同时，通过正面的引导和激励措施，如设立"优秀会员"等荣誉制度，强化了社区的正能量。

　　技术与工具的运用：罗辑思维善于利用新的技术和工具来提升社群的运营效率，例如利用微信小程序、公众号等平台为用户提供便捷的互动和信息获取途径。这种与时俱进的做法使社群始终处于互联网发展的前沿。

　　不断优化与改进：罗辑思维在社群运营中不断收集用户反馈，并根据用户的需求进行优化和改进。这种持续改进的态度使得社群始终能够满足用户的需求，保持其持续的发展动力。

　　社群的底色永远是"人"，只有关注人、尊重人、链接人，社群文化才会拥有持续的生命力。

课后练习

一、单选题

1. 以下关于元宇宙社群的描述，哪个是不正确的？（　　）

A. 元宇宙社群将线上线下社交优点整合

B. 元宇宙社群搭建在虚拟现实平台之上

C. 元宇宙社群为成员提供虚拟化身

D. 元宇宙社群中的交流和娱乐都是真实的

2. 社群的文化要严格遵循（　　）。

A. 社会主义核心价值观

B. 网络管理员的规定

C. 线上平台的规定

D. 线下活动场所的规定

3. 构建社群文化时，第一步要做的是（　　）。

A. 撰写社群规范

B. 制作有价值的内容

C. 明确社群核心价值观

D. 建立群成员之间的关系

二、多选题

1. 以下哪些不是元宇宙社群的特点。（　　）

A. 每个用户可以拥有独属于自己的虚拟角色

B. 元宇宙社群中用户只能用文字和语音交流

C. 元宇宙社群中用户创作的内容可以得到数字产权保护

D. 元宇宙社群中不允许不同兴趣爱好的用户共存

2. 元宇宙社群存在的风险有哪些？（　　）

A. 现实与虚拟的边界风险

B. 虚拟货币的经济风险

C. 信息安全风险

D. 道德伦理风险

3. 下列关于社会主义核心价值观和社群文化之间关系的描述，正确的有哪些？（　　）

A. 社会主义核心价值观是社群文化的灵魂

B. 社群是传播和实践社会主义核心价值观的重要平台

C. 社群是检验社会主义核心价值观是否符合实际需求的重要场所

D. 社会主义核心价值观只有在线下社群中才重要

扫码自测

三、简答题

1. 简述元宇宙社群的特点和应用。

2. 简述如何分步骤打造一个社群的核心文化。

四、思考题

1. 元宇宙在社群中的应用，除了本节中讲述的领域，还有哪些可以推动社群的发展？

2. 社群的价值观是从社群成立就开始形成的，还是在社群的发展过程中一步步形成的？说说你的看法。

五、实操题

请3~5位学生组成一个团队，在线观看《头号玩家》电影，完成以下作业。

结合电影中所描述的内容，撰写一篇小作文，主题与"元宇宙和社群"相关，观点不限，字数在800字左右。

学生完成任务后，在表10-1进行组内的自评与互评。

表10-1 任务训练评分表

任务环节	工作内容	参与成员	自评分	小组评分

参考文献

[1] 赵阳. 零基础学社群营销[M]. 北京：清华大学出版社，2022.

[2] 秋叶，邻三月，秦阳. 社群营销实战手册——从社群运营到社群经济[M]. 北京：人民邮电出版社，2021.

[3] 黑马程序员. 社群营销运营实战[M]. 北京：清华大学出版社，2020.

[4] Matthew B. 元宇宙改变一切[M]. 杭州：浙江教育出版社，2022.

[5] 赵纤青，戚泰. 私域社群运营从入门到精通：社群高效操盘思维、方法与实践[M]. 北京：北京大学出版社，2023.

[6] 周亚齐. 品牌社群与精准互动：社群经济视域下出版品牌优化路径[J]. 中国出版，2023(2)：48-52.

[7] 郅宏宇. 新零售背景下社群营销的发展模式及创新路径[J]. 商业经济研究，2022(12)：81-83.

[8] 李科. 知识付费平台的社群营销探析——以"十点读书"为例[J]. 出版广角，2021(22)：89-91.